KB043792

워킹코드
The Working Code

노력보다
더 큰 성과를 만드는
일머리의 비밀

The Working Code

워킹 코드

이경렬 지음

21세기북스

워킹코드의 비밀을 찾아서

"일 중독자 소리를 들을 만큼 일하지만, 성과도 대우도 신통찮으니 힘이 빠집니다."

현업에서 뛰고 있는 후배들이 푸념처럼 내뱉는 말이다. 비단 은행원들만의 이야기가 아니다. 이 땅의 샐러리맨들이라면 누구나 비슷한 말을 한다. 이해한다. 2012년 통계에 따르면 우리나라는 세계에서 노동시간이 두 번째로 긴 나라다. 1인당 연간 노동시간이 총 2,090시간으로 멕시코(2,250시간)에 이어 2위다. 불황에 내쫓길까 봐 초과 근무 수당도 신청하지 않은 채 엄청나게 많은 시간 동안 일하고 있다.

문제는 효율이다. 평일 저녁과 휴일을 반납하고 일에 매달리는 우리들이 만들어내는 성과는 어떤가? 사실 그냥 그렇다. 노동의 효율을 따지는 '노동생산성'은 OECD 국가 평균에 미치지 못한다. 대신 과로와 스트레스에 시달리다가 심장마비, 뇌졸중 등으로 젊은 나이에 목숨을 잃는 사람은 매년 늘고 있다.

우리는 가끔씩 함께 일하는 동료의 돌연사 소식을 접한다. 대체로 일 중독자들이다. 그들의 죽음을 접할 때마다 스스로의 삶을 돌아보게 된다. 형편없이 질이 낮다. 만족도 역시 낮다. 삶을 희생하면서 일하지만 성과도 회사로부터 받는 대우도 신통찮다. 현실을 한탄한다. 그러나 그것뿐이다.

일 중독? 절대 사양하라

여기서 분명히 짚고 넘어가야 할 게 있다. 과연 일 중독자가 일을 잘하는 사람일까? 나는 그렇게 보지 않는다. 샐러리맨의 노동시간은 일주일에 하루 8시간씩 40시간이다. 그런데 일 중독자들 가운데는 저녁과 주말을 반납하고 주당 70시간 이상 일한다. 노동시간이 2배 가까이 많은 일 중독자의 아웃풋은 그만큼 나오지 않는다. 긴 노동시간 중 상당 시간은 무위로 보내거나, 일을 해도 밀도가 낮다.

일 중독의 실체는 이렇다. 열심히 일하고 있다고 자기 최면을 걸지만 실은 열심히 일하지 않는다. 상사의 눈치를 보느라 제때 퇴근을 못한다. 구조조정 소문에 전전긍긍하면서 중간만 가자는 마음으로 직장에서 버틴다.

그러니 노동시간이 아무리 길어도 성과는 나오지 않고, 회사가 해주는 대우 역시 신통치 않다. 이런 상황에서 회사로부터 실적을 강요받으면 달성할 방법을 찾지 못해 엄청나게 스트레스를 받고, 어느 날 갑자기 쓰러지는 것이다. 안타까운 일이다.

나는 후배들이 일 중독자로 살아가지 않기를 바란다. 건강과 삶의 질을 포기하면서까지 일에 매달린다고 달라지는 것은 없다. 대체 누구를 위해서 인생을 버리고 있는가? 나와 가족을 생각한다면 이제는 바꿔야 한다. 발상의 전환이 필요하다.

나는 35년간 일하면서도 야근한 적이 별로 없었다. 저녁과 주말을 반납하지 않아도 얼마든지 일을 잘할 수 있다. '워킹코드'만 잘 이해하고 실천하면 된다. 일의 본질을 보고 밀도 있게 일하라. 그렇다면 워킹코드란 무엇인가?

워킹코드는 이를테면 '일머리' 같은 것이다. 같은 조건에서 같은 일을 하더라도 일머리가 있는 사람과 없는 사람은 큰 차이가 난다. 사람들은 일머리 하면 요령을 떠올린다. 그런데 내가 이야기하는 일머리, 워킹코드는 단순한 요령이 아니다. 때에 맞게 할 일을 알고 행하는 것! 그것이 노력보다 더 큰 성과를 얻고, 성과보다 더 나은 대우를 받는 워킹코드의 본질이다.

‘시무(時務)’를 아는 자가 인재다

『삼국지(三國志)』 ‘촉서(蜀書)’에 이런 대목이 나온다. 조조에게 쫓겨 형주 땅에 이른 유비가 덕망 높은 선비인 사마덕조를 찾아가 세상일을 구했다. 그러나 사마덕조는 자기 대신 두 사람을 천거하며 인재에 대해 논했다.

“한낱 유생이 어찌 ‘시무’를 알겠습니까? 시무를 아는 자가 바로 준걸입니다. 보잘 것없는 선비가 알기로는 ‘복룡(伏龍)’과 ‘봉추(鳳雛)’가 있을 따름입니다.”

여기서 복룡은 제갈량이요, 봉추는 방통이다. 한나라의 부흥을 꿈꾸는 유비로서는 무엇보다 인재가 절실했다. 유비가 ‘삼고초려(三顧草廬)’ 끝에 영입한 제갈량은 기대를 충족하고도 남았다. 그는 시무, 즉 때에 따라 할 일을 꿰뚫어봤다. 당시의 정국을 정확하게 분석한 다음 제갈량이 내린 결론은 ‘천하삼분(天下三分)’이었다. 조조와 손권에 비해 세력이 약했던 유비가 서천을 장악하고 촉나라를 일으킨 것은 제갈량의 공이었다. 제갈량은 『삼국지』를 통틀어 최고의 인재다.

‘인재’는 동서고금을 막론하고 제갈량처럼 시무를 꿰뚫어 보는 사람이다. 조선의 대학자 이율곡은 왜란을 예견하고 왕에게 시무책의 하나로 ‘10만양병론(十萬養兵論)’을 건의했다. 몽고의 명재상 야율초재는 전쟁에서 나아갈 때와 물러날 때를 조언하여 세계제국 건설에 이바지했다. 독일의 철혈 재상 비스마르크는 통일 전에 군비를 확장하고 통일 후엔 동맹을 강화해 강대국의 기반을 마련했다.

시무를 꿰뚫어보는 사람은 일의 두미를 잘 안다. 어린 시절 우리 집은 그리 큰 부농은 아니었지만 일꾼들을 부리며 농사를 지었다. 아버지는 두미를 아는 일꾼을 으뜸으로 쳤다. '두미(頭尾, 처음과 끝)'는 우선순위를 알고 일하는 사람이다. 두미를 아는 일꾼은 시키는 일을 하다가도 소나기가 내릴 것 같으면 알아서 비설거지를 한다. 비에 맞으면 안 되는 물건을 치우지 않으면 시키는 일을 아무리 열심히 해도 만사 도로아미타불이라는 것을 아는 것이다.

일의 두미를 습득하면 시대의 요구가 보인다. 내 경우에는 네트워크론이 그랬다. 네트워크론은 2000년대에 들어 우리 경제의 화두로 떠오른 대기업과 중소기업의 상생협력을 은행이 앞장서서 풀어나간 금융권의 대표적 성공사례다. 특히 국제 원자재 가격 상승으로 심각한 자금난을 겪고 있던 중소기업 입장에서는 납품대금을 회수하기 전에 자금의 숨통을 틀 수 있게 되었으니 가뭄 끝에 내린 단비나 마찬가지였다.

네트워크론은 기업은행이 대기업과 업무협약을 체결하면, 그 회사가 추천하는 협력업체는 연간 납품실적에 따라 대출한도를 약정 받는 방식이다. 중소기업은 자금 소요시기와 회수기간 사이의 시차를 해결하고, 대기업은 생산 네트워크를 원활하게 돌릴 수 있다. 또 대출금 상환은 대기업이 전자결재로 정해진 계좌에 돈을 넣으면 자동으로 이뤄진다. 은행도 기존의 어음 할인을 통한 수익 대신, 가치를 인정해줌과 동시에 안정적인 수익원을 얻게 되었다.

당시 정부는 중소기업의 경쟁력을 높이기 위해 다각적인 방안을 검토 중이었다. 기업은행은 정부의 중소기업 종합대책 수립에 깊이 참여하고 있었는데 네트워크론이 큰 반향을 불러일으켰다. 이헌재 당시 재정경제부 장관이 무릎을 치면서 “바로 이거다” 하고 탄복하셨다는 이야기를 전해 들었다. 결국 네트워크론은 대통령에게 보고되었고, 정부 대책의 하나로 언론의 주목을 받았다. 시대의 요구를 꿰뚫어 보고 제 역할을 다한 결과다.

IBK연금보험의 성공도 다르지 않다. 2010년에 연금 단종 보험사를 설립한다고 했을 때 업계와 당국의 반응은 냉담했다. 우리 동료들조차 살아남기 어려울 것이라는 분위기였다. 하지만 나는 성공을 확신했다. 우리나라는 1950~1960년대 출생한 베이비붐 세대의 은퇴가 본격화되고 있지만 노후자금을 준비하는 사람은 얼마 되지 않는다. 달랑 집 한 채와 현금 수천만 원으로 부부가 30~40년 여생을 감당할 수는 없다. 나는 연금보험이 우리 시대의 사회안전망이 될 것이라고 확신했다.

나는 특히 노후 대비가 취약한 서민과 중소기업 근로자들에게 연금보험이 절실하다고 판단했다. IBK연금보험은 거품을 빼고 부담 없는 연금 상품을 들고 적극적으로 고객을 찾아 나섰다. 푼돈을 아끼면 노후가 편안해질 거라고 설득했다. 그 결과 설립 1년 반 만에 흑자를 기록할 만큼 큰 성공을 거뒀다. 성과도 성과이지만, 사회에 은퇴 준비의 필요성을 환기시킨 것이 더 큰 소득이었다.

자본금 900억 원을 가지고 시작한 IBK연금보험은 5년 만에 총자산 2조 2,000여억 원, 당기순이익 150억 원을 올리는 알짜 회사로 성장하고 있다. 누가 알아주든지 말든지 초대 사장으로서 초석을 놓았다는 자부심과 기쁨이 이루 말할 수 없이 크다.

성과를 만드는 5가지 워킹코드

노력보다 더 큰 성과를 얻고, 성과보다 더 나은 대우를 받게 해주는 워킹코드는 어느 날 갑자기 하늘에서 뚝 떨어지는 게 아니다. 시무를 알고 일을 추진하려면 만만치 않은 내공이 필요하다. 작은 실천이 하나씩 쌓여 습관이 되도록 해야 한다. 그러다 보면 자신도 모르게 한계를 뛰어넘는 기쁨을 맛보게 된다.

워킹코드를 기르려면 무엇을 어떻게 해야 할까? 나는 은행원에서 출발해 보험회사 CEO로 마무리한 지난 35년간의 경험을 바탕으로 워킹코드의 핵심 키워드 5가지를 정리했다.

첫 번째, '내 인생에 주어 달기(오너 스탠스)'다.

남이 시켜서 하는 일과 내가 하고 싶어서 하는 일은 결과가 하늘과 땅 차이이다. 야근을 밥 먹듯이 해도 남이 시키는 일만 하고 있으면 사는 게 피곤하다. 반면 '칼퇴근'을 하더라도 내가 하고 싶은 일을 찾아서 하면 직장생활이 활짝 꽃핀다.

두 번째, '확장형 사고'다.

끊임없이 사고의 폭을 넓혀야 성공의 문이 열린다. 교포 과학자들을 초빙해 중소기업의 기술개발을 지원하자는 아이디어는 책과 논문을 들여다보다가 나왔다. 고객 대기시간을 획기적으로 단축하기 위해 지점에서 현장의 디테일을 익히고, 기존의 문제 해결 솔루션에 IT기술을 접목했다. 창조는 디테일에서 출발해 융합으로 완성되는 사고의 확장과정에서 빚어진다.

세 번째, '스톡데일 패러독스'다.

희망을 갖되 냉혹한 현실을 직시해야 한다. 이런 마인드로

MBC 영업점에 나가 타 은행이 독식하고 있던 외환거래를 몽땅 뺏어올 수 있었다. 목포지점에서는 반대로 시금고를 빼앗길 위기를 넘기고 목포를 대표하는 은행으로 자리매김했다. 그 덕분에 금융연수원에서 강의를 하고, 전국의 지점장들에게 노하우를 전수했다. 독한 시장경쟁에서 스톡데일 패러독스는 만고불변의 진리다.

네 번째, '고객 이해력'이다.

고객과 주파수를 맞추는 습관은 성공으로 이어지게 돼 있다. 나는 우리나라 중소기업의 니즈에 관심이 많았다. 중소기업의 수익성을 높이려면 공급망 관리가 필요하다고 보고 관계기관을 설득해 관철시켰다. 원자재가격 상승으로 자금난을 겪는 중소기업을 위해 네트워크론이라는 상생의 금융상품을 개발했다. 물론 난관은 헤아릴 수 없이 많았다. 그러나 세상에 고객의 니즈라는 명분을 이길 난관은 없다.

다섯 번째, 될 때까지 끝장을 보는 '끈질김'이다.

무슨 일이든지 이뤄내려면 이를 방해하는 장애물을 극복해야 한다. 한 번에 안 되면, 두 번, 세 번, 네 번 될 때까지 장애물을 넘고, 제거하고 끝장을 봐야 한다. 그렇게 어려운 일들을 이뤄낸 사람에게 세상은 박수를 보내는 것이다. 거의 모든 사람이 실패하는 일을 어렵게 이겨낸 사람이 귀하니까 대접을 받는 것이다.

시무, 즉 때에 따라 할 일을 알고 행하되, 위에 제시한 다섯 개의 키워드대로 일을 하면 누구나 성공할 수 있다고 믿는다. 뭐 대단한 비법이라도 있을까 기대하고 봤다면 실망할 것이다. 말이 좋아 워킹코드지, 사실 누구나 알고 있는 이야기 아닌가.

그럼에도 나는 이것이 노력보다 더 큰 성과를 얻고, 성과보다 더 나은 대우를 받는 일머리의 비밀이라고 믿는다. 왜냐하면 내가 이렇게 살면서 만족을 얻었기 때문이다. 어찌 보면 이 세상에 비법 같은 것은 없을지도 모른다. 단지 나날이 성장하고 새로워지는 자기 자신이 있을 뿐이다.

세상에 사람은 많지만, 인재는 많지 않다. 그저 여러 사람 중 한 명으로 살기보다, 유일한 한 사람으로 사는 것은 어떤가? 한 번 사는 우리 인생 아니던가. 노력보다 더 큰 성과를 만드는 일머리의 비밀 '워킹코드'를 통해 당신도 대체 불가능한 인재로 거듭나기를 바란다.

2016년 2월

이경렬

CHAPTER 2

깊게 고민하고 넓게 생각하라, 확장형 사고

CHAPTER 3

희망을 갖되 현실을 직시하라, 스톡데일 패러독스

CHAPTER 4

기업 성공의 핵심 열쇠, 고객 이해력

CHAPTER 5

끈질김, 목표 달성을 위한 가장 빠른 방법

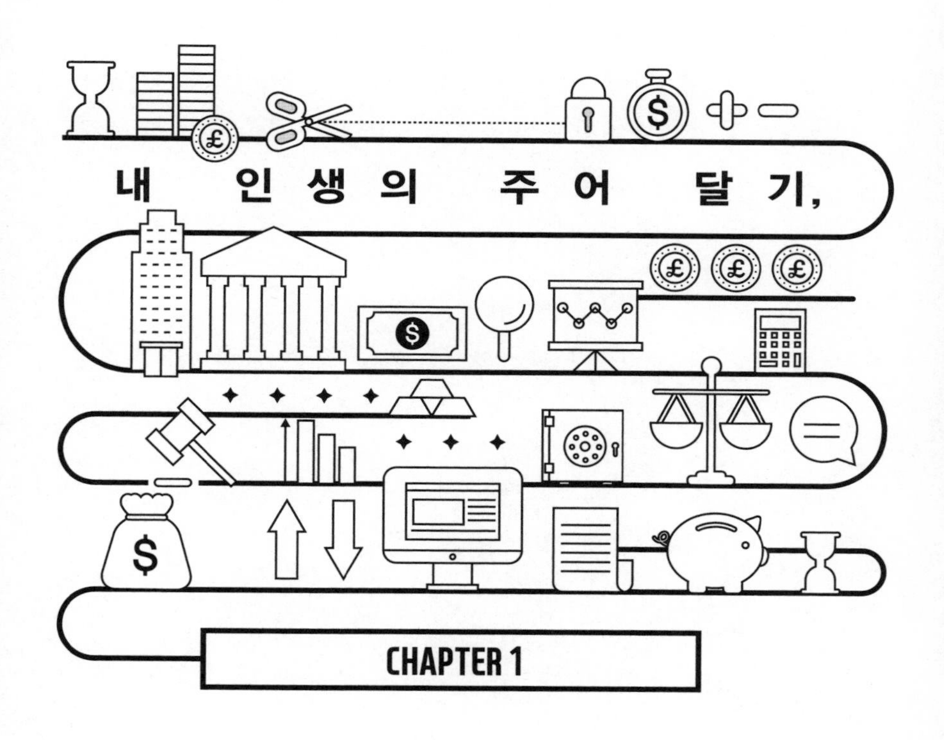

오너 스탠스

회장과 수행비서가 함께 해외출장을 갔다 오면 누가 더 피곤할까?
답은 수행비서다. 이유는 간단하다. 회장은 하고 싶은 대로 하고 비서는 시킨 대로 해야 하기 때문이다. 하고 싶은 대로 하는 것과 지시를 받아 일을 하는 것은 전혀 다르다. 하고 싶은 대로 일하는 사람은 업무량이 아무리 많아도 지치지 않는 반면, 지시받은 일을 하는 사람은 일을 마무리하기 전에 체력이 소진된다. 해외출장에 나선 회장처럼 본인이 하고 싶은 대로 일해야 지치지 않는다. 뿐만 아니라 에너지도 계속 샘솟는다. 이것을 'CEO 엔돌핀'이라고 한다.
실제로 이런 사례는 차고 넘친다. 기업의 CEO들 중에는 초인적인 스케줄에도 에너지가 넘치는 사람들이 많다. 이를 두고 사람들은 '원래 오너가 될 사람들은 따로 있어' '나는 저렇게 많은 일을 할 수 없어'라고 말하지만, 실은 그렇지 않다. 오너의 위치에 있어서, 자기 의지대로 일할 수 있어서 그럴 수 있는 것이다.
그렇다면 'CEO 엔돌핀'은 오너만 갖는 특권일까? 아니다. 생각을 바꾼다면, 직급이 낮은 샐러리맨도 가질 수 있다. 방법은 간단하다. 일단 자신의 일을 '시켜서 하는 일'이 아닌, '스스로 하고 싶은 일'로 바꾸어야 한다. '오너 마인드'를 갖고, '오너 스탠스Owner Stance'를 취해야 가능한 일이다. 이렇게만 된다면, 업무는 넘쳐나도 피곤함을 모르고 에너지 넘치게 살 수 있다.
물론, '오너 스탠스'를 갖는다는 게 쉽지 않다. 원래 타고나는 것도, 무작정 생기는 것도 아니다. 중요한 건 '계기'다. 한 번 스스로 움직여서 성과를 내본 사람들은 이후에도 능동적으로 일하면서 성과를 올리는 '선순환 구조'를 만들어낸다. 한 번의 경험이 '계기'가 되는데 그 계기도 마음의 변화가 있어야 따라온다. 계기를 손에 쥐려고 노력하느냐 아니냐에 따라서 간단히 얻을 수도, 평생 경험하지 못할 수도 있다.

'계기'를 만드는 간단한 방법이 있다. 우선 무슨 일이든 열심히 하는 것이다. 지금 자신에게 주어진 일을 그 대상으로 삼는 게 가장 좋을 것이다. '지금 일은 적성에 맞지 않으니 적성에 맞는 일을 찾아 열심히 해보자'고 생각한다면, 평생 기회를 만나지 못할 수도 있다. 지금 상황이 어떻든, 적성이 어떻든, 한번 제대로 해보는 것이다. 이때 결과에 대해 일희일비한다면 오래갈 수 없다. 당장 성과가 나오지 않았다고 실망하지 말아야 한다. 꾸준히 도전하고, 또 도전하라. 그렇게 노력한 일이 성과로 이어진다면, 돈으로도 살 수 없는 값진 '인생의 보물'을 얻은 것이다.

보물이 무엇인가? 꺼내볼 때마다 기분 좋아지게 만드는 것이다. 스스로 노력해서 성과를 내면, 그 일이 꼭 보물 같다. 그 일을 생각할 때마다 기분이 좋아지고 에너지가 솟아난다. 그 맛을 들여보라. 한번 그 맛을 알게 되면 더 큰 보물을 얻기 위해 노력하게 되고, 이런 경험이 이어지다 보면 자신도 모르는 사이에 '오너 스탠스'를 갖게 된다.

바로 그 보물이 나를 있게 했다. 기업은행 재직 시에 '네트워크론Network Loan'을 만들어 공전의 히트를 기록했고, 이어진

'메디컬 네트워크론Medical Network Loan'으로 의료기관 금융에 혁신을 일으키기도 했다. 불가능에 가까워 보이던 보험사 신설허가를 받아냈고, 초대 사장으로 경영하면서 1년 반 만에 누적당기순익을 기록한 일도 있다. 이 모든 성과는 내게 큰 보물이었다. 특히 1년 반 만에 누적당기순익을 기록한 일은 가장 큰 보물이었다. 당초 사업계획에는 7년 만에 누적당기순이익을 달성할 것으로 되어 있었다. 이밖에도 내 가슴 속 보물들은 더 있다.

모든 것이 '오너 스탠스'를 가지고 스스로 목표를 정해서 일했기 때문에 가능한 일이었다. 신설보험사 사장이었던 내게 '2년 안에 흑자를 내라'는 목표를 준 사람도, 네트워크론처럼 존재하지 않는 상품을 만들라고 지시하는 사람도 없었다. 모두 내가 하고 싶어 한 일들이다. 그 성과들은 내게 보물이 됐다. 나는 이 보물들을 만들어낸 기업은행 30년 재직 기간 동안 단 한 번도 스트레스를 받은 적이 없었고, 직장생활이 괴로웠던 적도 없었다. 이 세상 모든 샐러리맨 중에 가장 행복하게 일했던 사람이다. 모든 게 '오너 스탠스'의 힘이다.

혹시 상사가 시키는 일만 하고 있는가? 성과도 내지 못하면서 늘 일에 짓눌려 있고, 늘 피곤하고, 운동할 시간이 없다 말하고 있는가? 이런 사람들은 옛날 표현으로 말한다면 '종'이다. 그러니 바로 이 순간부터 '종'의 생각에서 벗어나라. 종으로 살면 일에서 성공할 수 없다. 주인으로 살아야 가능하다. 모쪼록 'CEO 엔돌핀'을 맛보며 성공한 인생을 살기 바란다.

오너 스탠스를 취하면 문제가 보인다

네트워크론의 시작

• 평촌지점장 시절에 있었던 일이다. 연매출 30억 원 정도 하던 중소기업 대표와 융자상담을 했다. 그 사장이 궁금해하는 것은 "삼성중공업이 시공 중인 타워팰리스 환기설비공사 수주를 하게 되면 관련 기자재 수입을 위한 자금을 도와줄 수 있느냐?"는 것이었다. 규모가 100억 원이었으니 은행에서 도와주지 않으면 엄두를 낼 수 없는 상황이었다. 나는 삼성으로부터 계약 사실만 확인되면 전폭적으로 지원하겠다고 약속했다. 그 후 실제로 계약이 되었고 약속한 대로 전폭적으로 지원했다. 기업은행의 대출 지원 후 연 매출 30억 원이던 그 기업의 매출은 100억 원을 훌쩍 넘어섰고 관련 업계에서 선두가 되었다.

이 상황에서, 기업의 궁극적 리스크는 두 가지다.

첫째는 제품이 판매되지 않는 것이고,

둘째는 판매 후 물건 값을 못 받는 것이다.

위 기업 같은 경우 삼성이 발주하고 삼성이 결제할 텐데, 무슨 문제가 있겠는가? 제품 판매와 대전결제가 확실하다면 그 기업의 리스크는 없는 것이다. 혹자는 '물건을 만들다 그만둘 수도 있지 않느냐?'고 반문할 수 있겠지만, 납품하면 돈 받을 것이 100% 확실한 삼성 일을 중간에 그만두는 바보는 없을 것이다. 자금이 더 필요하면 더 융자해주면 되는 것이다. 판매도 확실하고 돈 받을 것도 확실한데 돈 대주는 게 뭐가 어려운가? 이런 기업이라면 전광석화처럼 빠르게 지원해주고 전속 거래처로 만들어야 한다. 일정한 리스크를 부담하고라도 좋은 거래처는 적극적으로 발굴하고 지원해야 하는 곳이 기업은행이니, 오히려 은행 입장에서 감사하게 생각해야 한다. 이렇게 확실한 거래가 건전한 대기업과 협력업체 간 거래다.

그러나 현실은 어떤가? 40대 후반 나이에 한국전력을 나와 배전설비 업체를 만든 사람이 있었다. 생산 시설을 갖추고 직원을 뽑고 영업에 나서서 수십억 원의 수주를 받았다. 퇴직금 등을 합쳐 회사를 만들었다지만, 수주하기까지 과정이 순탄할 리 없다. 천신만고 끝에 수주를 받았지만 몇 푼 안 되는 돈은 영업에 다 쓰고 생산준비를 하려다 보니 돈이 없다. 은행에 가서 융자를 신청하면, '납품실적이 없다' '신용이 없다' '담보가 없다' 등의 이유로 대출받기가 쉽지 않다. 관련 업계에서는 '저 사람 저러다 납품도 못해보고 결국은 손들 것'이라는 소문이 돌아 외상으로 원부자재 사는 것도 어려워진다.

이것이 오늘날 기업의 현주소다. 사업이 될지, 안 될지 판단하는 것은 사실 쉽지 않다. 그래서 실적이 없는 업체가 신용으로 자금을 융통하기란 상당히 어렵다. 그러나 한국전력이 발주하고 한국전력이 결제할 거래에 무슨 리스크가 있겠는가? 생산능력과 운전자금만 있으면 리스크는 없다. 그럼에도 돈을 못 구해 발을 구르는 업체가 한두 개가 아니다. 그래서 은행 직원 입장에서 '오너 스탠스'를 취한 채 그들을 바라보면 짠하다는 생각이 드는 것이다. 이런 기업이 쉽게 대출을 받을 수 있는 방법이 없을까? 이 고민이 새 상품을 만드는 동력이 되었다.

내가 단순히 월급 받는 '종'의 마인드였다면, 이런 업체를 지원해줄 수 있는 '규정이 없는데 어떻게 한담?' 하고 말았을 것이다. 이렇게 된다면 더 이상의 고민도 없고, 더 이상의 발전도 없다. 이런 마인드야말로 이 사회의 진보를 가로막는 장애물이 아닌가. 평촌지점장 시절의 경험이 내게는 하나의 계기가 되어 본점에서 일할 때 '공급망 관리'에 특별히 더 관심을 갖게 되었다. 이런 과정이 있었기 때문에 혁신적인 상품을 개발할 수 있었다.

네트워크론 Network Loan 이란?

구매기업의 추천을 받은 판매기업과 금융기관이 대출한도를 약정한 뒤, 판매기업이 구매기업의 발주서 또는 구매기업에 대한 납품실적을 근거로 대출받고, 구매기업이 전자결제방식으로 대출금을 금융기관에 상환하는 대출을 말한다.

'네트워크론'은 출시 이후 사회로부터 뜨거운 호응을 받았다. 이 상품은 2004년 출시 이후 2~3년에 걸쳐 언론의 집중적인 조명을 받았고, 상(賞)도 많이 받았다. 첫해 받은 큰 상만 해도 다음과 같다.

- ◆ 매일경제 2004 금융부문 히트상품 선정
- ◆ 한국경제 2004 금융부문 히트상품 선정
- ◆ 중앙일보 2004 금융부문 히트상품 선정
- ◆ 서울경제 2004 금융부문 히트상품 선정
- ◆ 국민일보 2004 금융부문 히트상품 선정
- ◆ 2004년 매일경제 금융상품대상 수상
- ◆ 파이낸셜뉴스 상생경영대상 수상
- ◆ 한국표준협회 선정 올해의 명품브랜드

오너는 어렵다고 포기하지 않는다

네트워크론이 세상의 빛을 보기까지

• 중소기업을 위한 새로운 대출 상품인 네트워크론을 만들면서 해결되지 않은 문제가 있었다. 중소기업이 납품하려는 대상이 삼성이나 현대처럼 신용 리스크가 거의 없는 업체도 있지만 그렇지 못한 기업도 있기 때문이다. 그러니 '규모는 크지만 신용등급이 다소 낮은 대기업'에 납품하는 중소기업의 신용 리스크를 어떻게 처리할지 문제였다. 납품대전을 지급해야 하는 기업에 문제가 생길 수도 있기 때문이었다. 이런 경우 중소기업의 신용보강을 위해 '신용보증서'가 담보로 필요하다. 신용보증기금이 큰 역할을 해주어야 하는 구조다.

그러나 신용보증기금의 첫 번째 반응은 '매우 부정적'에 가까웠다. 기업은행이 자사 상품을 만들기 위해 신용보증을 요청하는 셈이니, 우리의 제안이 달가울 리 없었을 것이다. 요즘 젊은이들은 '천당도 따라가는 것은 싫다'고 한다. 'NIH Not Invented Here 증후군', 즉 아무리 좋은 아이디어도 내가 아닌 남이 내놓으면 시큰둥하고 비협조적이 되는 성향이다.

방법은 하나밖에 없었다. 일부 기업의 문제나 네트워크론이 안고 있는 세세한 문제를 부각시키기보다는, 중소기업을 살리는 일이라는 대의(大義)를 내세워 신용보증기금과 주무관청인 재정경제부를 계속 설득하는 것이었다. 왜냐하면 중소기업 문제는 풀기 어렵고 쉽게 답이 나오지 않지만, 그렇다고 내버려둬서도 안 되는 정부의 최우선 정책과제이므로 기업은행 혼자 고민할 일이 아니기 때문이었다.

재정경제부와 끊임없이 접촉하고 이해와 협조를 구하다 보니 다행히 담당 과장과 사무관의 자세가 긍정적으로 바뀌었다. 대·중소기업의 상생을 위해 이런 상품이 필요하다는 인식을 갖게 된 것이다. 새 상품이 가진 결점을 찾아서 문제 삼기보다 우리의 바람처럼 큰 것을 보려 했기 때문에 가능했다. 미팅이 반복되면서 두 사람은 우리의 열렬한 지지자가 되었다. 그들은 이 일을 반드시 진행되어야 할 사업으로 여겼고, 자기 일처럼 상부에 보고했다. 신용보증기금도 상당 기간의 고심 끝에 대국적인 견지에서 보증해주는 쪽으로 결정해주었다.

'뜻이 있으면 길이 있다'는 말이 와 닿는 순간이었다.

그러나 풀어야 할 문제는 여전히 존재했다. 융자 대상 기업 선정도 생각처럼 쉽지 않았다. 참여하는 대기업만 확정된다면 최대한 시간을 단축시켜서 진행할 수 있는 사업이다. 즉, 먼저 시범을 보일 대기업이 필요했다. 아무리 좋은 프로젝트라고 해도, 선뜻 나서기 꺼리는 것은 어쩔 수 없는 정서였다. 결국 나와 동료들은 일일이 기업을 다니면서 설득할 수밖에 없었다. 국내 대부분의 대기업과 우량기업을 거의 다 찾아다니며 참여를 부탁했다.

그러는 동안 시간이 한참 흘렀다. 선뜻 나서는 기업이 없어서 우리 의지도 많이 꺾이고 있었다. 그러던 어느 날 '신세계'에서 연락이 왔다. 신세계에서 우리의 새 상품을 적극적으로 도입할 의사가 있다는 뜻을 밝힌 것이다. 당시 신세계는 '상생(相生)'이라는 화두에 관심이 많았다. 신세계에서 이 상품을 성공적으로 활용하면 다른 대기업도 마다할 이유가 없었다.

우리는 신세계와 다섯 차례 이상의 회의를 거치며 상품을 가시화시켰다. 그 과정은 우리에게 많은 공부가 되기도 했다. '발주－납품－대금결제' 과정을 점검하는 데 수많은 협력업체와 일하고 있는 신세계는 참 좋은 모델이었다.

갈등을 잘 넘어서야 성공에 이른다

시스템 개발도 무리한 스케줄 속에서 어렵게 진행되었다. 새롭게 개발한 상품을 전산에서 구현해야 하는 IT개발 부서의 고민은 또 달랐다. 당시 2004년은 기업은행이 '차세대 전산시스템' 시행을 앞둔 시점이었다. 이 시스템은 기업은행의 전산 체계를 근본적으로 뒤집어엎고 전혀 다른 시스템을 새로 만드는 프로젝트였다. 워낙 큰 프로젝트다 보니 개발하는 직원들의 피로가 누적되고 일은 제대로 진행되지 않아 여기저기서 불만이 터져 나왔다. 급기야는 노조에서도 이런저런 문제를 들고 나오기 시작하면서 프로젝트 자체의 성공 여부가 불투명해지기도 했다. 이런 상황에서 '네트워크론 시스템 개발'이라는 부담을 주기가 정말로 쉽지 않았다. 이미 운영 중인 시스템과 연동되는 것은 물론이고, 차세대 시스템 개통 이후에도 운영이 가능해야 하니 시스템을 이중으로 개발해야 하는 셈이다. 달리는 차의 바퀴를 바꿔 끼우는 것처럼 어려운 일이었다.

당장 IT본부 부장을 찾아갔다. 참으로 운을 떼기 어려웠지만 우리가 개발하는 상품의 개요를 설명하고 어렵지만 상품 개발을 해주기를 간청했다. 만약 내가 담당자였다면 한마디로 거절했을 것이다. 차세대 시스템의 개발 성공도 장담할 수 없는 어려운 시기에 누가 신상품 개발을 해주겠는가? 상품도 상당히 복잡한 구조라서 '시스템 개발 완료 후에 해주겠다'고 해도 어쩔 수 없었을 것이다. 그때 상품 개발을 해주기로 결정한 부장을 존경하지 않을 수 없다. 그가 나와 입행동기였을지라도 말이다.

네트워크론 상품 개발은 김광현 차장이 총괄했다. 실무적으로 운영 중인 시스템에 연동하는 부문은 조성윤 차장 팀이 담당이었고, 차세대 시행 이후의 연동 시스템은 권순효 차장 팀이 담당이었다. 두 팀은 과도한 업무량 때문에 서로 고성이 오가기도 했다. 본래 큰 성과를 이루려면 그 과정에서 어려운 일들이 많다. 성공을 이루겠다는 마음은 한결같지만, 몸이 힘들다 보면 실수도 나오고 갈등도 생기기 마련이다. 그 과정을 잘 극복하고 결과를 만들어내는 게 중요하다.

네트워크론 시스템 개발 부문에서는 '금융상환' 부분 프로그램 개발이 가장 힘들었다. 협력기업이 납품하고, 그 대금을 모기업이 결제할 때 발주서마다 대출계좌를 실시간으로 상환해야 한다. 대금결제가 실시간으로 이루어지도록 개발해야 하는 것이다. 지금은 일반적으로 사용하는 시스템이 됐으니 간단하게 들리겠지만, 당시에는 꽤나 복잡한 일이었다.

은행의 특성상 오전 9시부터 4시까지 촉각을 곤두세우는 업무 시간에는 어떤 테스트도 할 수 없는 게 문제였다. 결국 영업이 끝난 이후에 CC기술(Center Cut, 금융 업무를 IT부서에서 일괄 처리하는 방법)을 활용해 진행했다. 만약 '센터 컷'으로 대출상환 작업을 하기 전에 카드대금 등이 각종 자동이체로 자금이 먼저 인출되면 채권보전에 이상이 생긴다. 자금을 정확하게 집행해야 하는 은행으로서는 매우 중요한 문제였다.

IT개발 요원들이 서로 노하우를 주고받으면서 약 두 달에 걸친 시행착오 끝에 실시간으로 자동상환하는 방법을 창안해 냈다. 특허를 취득해도 될 만큼 '새로운' 시스템이었다. 두 달 동안 이들이 흘린 땀은 일일이 측정할 수 없을 만큼 크고 많다. 시스템을 완성한 뒤 많은 사람들이 병원 신세를 졌다. 지금 생각해도 큰 '전쟁'을 성공적으로 치러낸 IT개발 부서 직원들이 너무 고맙다.

우리 부서 직원들이나 IT직원들이 '종'의 사고를 가졌다면 중도에 포기하거나 개발을 연기할 수 있는 이유와 명분은 흐르고 넘칠 정도로 수두룩했다. 우리 기업을 살리기 위해, 시중은행을 이기기 위해, 어렵더라도 반드시 해내자는 자세야말로 '오너 스탠스'였다.

대의를 위해 네트워크론이 포기한 것들

1. BM Business Method 특허

BM특허는 새로운 전자상거래 방법에 관한 특허로, 온라인상에서 이뤄지는 영업방법이나 영업모델에 관한 발명으로 한정하는 용어이다. 우리나라 산업 전반을 봐도 그렇지만, 특히 금융권에서 네트워크론이 내포한 의미는 매우 컸다. 운전자금과 결제성자금 사이에 '전도금융'이라는 새 분야를 개척한 것은 혁신에 가까운 일이었다. 거기에 실시간으로 자동상환할 수 있는 시스템까지 갖추었으니 완벽한 마무리를 한 셈이다. 이런 개념과 시스템을 갖춘 곳은 오직 기업은행뿐이었다. 우리는 그 값어치를 스스로 알고 있었고, 당연히 BM특허 대상으로 여겼고, 시스템을 완성시킴과 동시에 BM특허 출원을 시도했다.

당시 언론은 기업은행의 네트워크론을 '특허감'이라며 대서특필했다. 그러던 중 실제 기업은행이 특허 출원을 추진한다는 이야기가 떠돌자 시중은행들은 이를 저지하기 시작했다. 이유는 간단했다. 우리 특허가 인정되면 타 은행은 우리에게 로열티를 지급하고 기술을 사용해야 했기 때문이다.

그 무렵, 재정경제부에서 우리에게 특허 출원을 만류하는 메시지를 보내왔다. 중소기업 지원이라는 큰 틀에서 보자면, 우리가 특허 출원을 하면 기업은행만 네트워크론을 취급할 수밖에 없는데, 이는 중소기업 지원이라는 큰 틀에서 볼 때 바람직하지 않다는 내용이었다. 기업은행이 네트워크론 상품을 내놓는 데 큰 도움을 준 재정경제부였다. 기업은행의 이익보다 중소기업 지원이라는 대의가 더 중요하다고 생각했다. 결국 우리는 정부의 의견을 받아들여 특허 출원을 포기했고, 우리의 시스템이 보편화되는 쪽으로 방향을 잡았다.

2. 선발이익보호제도

선발이익보호제도는 금융회사가 독창적인 금융 신상품을 개발하면 최장

6개월까지 다른 금융회사가 베끼지 못하도록 보호받는 제도를 말한다. 역시 BM특허와 비슷한 이유로 포기했다. 당시 은행연합회는 은행에서 개발한 상품을 보호하기 위한 목적으로 '선발이익보호제도'를 운용했다. '선발이익보호제도'는 IT 시스템과 별도로 상품에 대한 권리를 독점으로 보장받는 제도다. 네트워크론이 '선발이익보호제도' 안에 들어가면 특허와 비슷한 권리를 보장받는 점에서는 좋지만, 동시에 상품의 '보편화'에는 걸림돌이 된다. 중소기업에 돌아가야 할 혜택이 한정될 수 있는 것이다.

솔직히 말하면, 우리 입장에서는 기술적인 부분의 특허 출원은 포기하더라도 선발이익보호제도는 활용하고 싶었다. 시스템은 몰라도 상품의 우수성은 오랫동안 인정받고 싶었기 때문이다. 그러나 시중은행들의 반대가 너무 심해서 진행할 수 없었다. 오히려 네트워크론을 '선발이익보호제도'에 신청했다가 상품 개발 내용만 유출되는 바람에 다른 경쟁 은행에 도움만 주고 말았다.

비록 선발이익보호제도는 적용되지 않았고, 우리 상품 내용과 시스템이 다른 경쟁 은행에 모두 노출되었지만, 시장을 선점하는 데에는 큰 문제가 되지 않았다. 기획 · 전산개발을 하는 데에만 최소 6개월 이상의 시간이 소요되기 때문이다. 다른 은행에서 비슷한 상품을 만들기 위해서는 역시 그만큼 시간이 걸린다. 결국 기업은행이 시장을 선점하는 데에는 아무런 문제가 없었다.

실패도 충분히 위대하다

네트워크론이 가져다준 것들

• 기업은행은 지난 반세기 동안, 중소기업과 연관된 정책을 수립하고 집행하는 역할을 수행해왔다. 그동안 수많은 상품이 만들어졌지만, 네트워크론만큼 정부 관계자, 대기업, 협력기업, 일반 공공기관 등을 하나로 묶어낸 것은 없었다. 이 상품이 출시되었을 때 많은 대기업들이 제도 도입에 적극적이었는데, 특히 삼성전자가 열정적인 반응을 보였다.

이런 일도 있었다. 네트워크론 내용이 언론을 통해 보도되자 삼성전자는 상품 내용을 직접 설명해달라고 요청해왔다. 그 제안을 흔쾌히 받아들였고, 현장으로 갔다. 실제 설명 장소에 가보니 삼성전자의 회계와 구매 등을 담당하는 관련부서 실무자와 의사결정자들이 모두 모여 있었다. 단순히 담당자

미팅인 줄 알고 갔다가 그들의 적극적인 자세에 꽤나 놀랐다.

"협력업체의 의견을 들어보고 긍정적이면 도입하겠습니다. 그러나 조건이 있습니다. A전자보다 먼저 제휴할 수 있도록 해주십시오."

그때 삼성전자 책임자의 말을 지금도 생생히 기억한다. 그 후 일주일도 안 돼 제휴가 결정되었고 일은 일사천리로 진행됐다. 삼성전자의 힘은 스피드에 있었다. A전자와의 차이도 스피드였다. 뿐만 아니다. 삼성에서는 "하루에도 수십 건의 주문이 발생되니, 계약서별 네트워크론보다는 실적 방식으로 해줬으면 좋겠다"는 금쪽같은 아이디어도 주었다.

삼성전자와의 계약은 네트워크론이 이끌어낸 하나의 쾌거였다. 삼성전자가 이 제도를 도입했다는 소식은 많은 기업들에 급속도로 퍼져나갔다. 지금도 그렇지만 당시도 삼성에서 진행하면 많은 기업들이 따라 했다. 다른 기업들이 줄줄이 상품 설명회를 요청했고, 그 즉시 상품 도입을 결정했다. 그러나 받아들이는 자세는 달랐다. 상품 설명회 때 삼성처럼 관련부서가 한자리에 모여 즉석에서 의사를 결정한 기업은 많지 않았다. 어떤 대기업의 경우, 관련부서를 일일이 찾아다니며 똑같은 설명을 여러 번 해야 했다.

기업 간 경쟁력 차이라면 뭐 대단한 것이라도 있는 줄 알지만 사실은 그렇지도 않다. 삼성은 외부에서 고객이 오면 관련 부서가 함께 모여 의사결정을 하는데, 이같이 간단한 문화 하나가 엄청난 시너지효과를 가져오는 것이다. 또 삼성은 '협력기업에 좋은 제도라면 무조건 경쟁업체보다 먼저 움직인다'는 원칙을 가지고 있는 듯했다. 이런 것이 경쟁력이다. 삼성전자가 스마트폰 시장에서 애플의 아이폰을 곧바로 따라잡을 수 있었던 것도 이런 문화가 자리 잡고 있었기 때문이었을 것이다.

이처럼 네트워크론은 기업은행에게 대기업과의 유대관계를 강화하는 기회를 주었고, 협력기업뿐만 아니라 대기업과의 거래를 유치하는 데에도 크게 기여했다. 국정감사에서도 기업은행의 존재감을 확실히 심어주는 역할을 했다. 주로 잘못을 꼬집는 자리로 알려진 국정감사 자리에서도 기업은행에 대한 칭찬이 이어졌다. 당시 정무위원이었던 민주당 송영길 의원은 "이렇게 좋은 상품을 개발한 사람이 누구냐? 여기 참석했느냐?"며 은행장께 질문했다. 송 의원의 고향이 나와 같은 '고흥'이라 마치 나를 띄우려고 한 질문으로 오해를 받기도 했다. 솔직하게 고백하지만, 나는 송 의원과 개인적인 친분이 전혀 없었다. 적어도 나는 같은 고향이라고 해서 봐주거나 밀어주거나 혹은 청탁을 하는 사람을 경멸한다. 어찌 됐든 송 의원의 발언은 고마운 일이었다.

또 감사원의 감사관 한 분에게도 전화를 받았다. 감사원은 피감기관의 잘못을 적발하고 시정하는 것이 주 업무인데, 그 일을 수행하면서 네트워크론에 대해 알게 됐다며 내게 표창을 하고 싶다는 것이었다. "나는 이미 임원이 되었으니, 대신 직원들에게 상을 주시면 좋겠다"고 정중히 말씀드렸던 기억이 난다.

세상을 지배할 상품을 기대한다면 실패를 두려워해선 안 된다. 꽃을 피우지 못한 상품이라고 창고에 버려두어서도 안 된다. 과거 실적이 미미했던 '기업 간 협력대출 제도'를 실패 상품으로 치부해버렸다면 '네트워크론'이라는 상품은 탄생하지 못했을 것이다. 상품 개발은 과거 실패했던 것에 대한 리뷰에서 출발하면 성공률이 높다. 최선을 다했다면 의미 없는 실패는 없다. 실패도 충분히 위대하다.

우수한 선례가 된 네트워크론

'네트워크론'은 대기업과 납품 중소기업 간의 상생협력 분위기 조성에 큰 역할을 했고, 파급효과 역시 놀라웠다. 개발 단계에서 우리와 협조를 강화한 신세계는 물론이고, 이 상품이 출시된 이후 삼성, LG, 현대자동차, SK 등 대기업 그룹들이 경쟁적으로 이를 활용해 협력기업 지원을 강화했다. 사업

초기에는 우리 상품이 각 기업들의 실정이나 업무 프로세스와 다소 거리가 있다는 점도 발견되었다. 그러나 어느 정도 예상했던 문제였고, 과정에서 당연히 있을 수 있는 문제였다. 우리는 이런 문제들을 하나하나 보완하면서 '포스코 네트워크론' '메디컬 네트워크론' 등 기업 맞춤형 상품을 개발해나갔다.

모기업과 은행이 협력한 사례도 속속 만들어졌다. 모기업이 무이자로 은행에 자금을 예치하고, 은행은 그 금액에 몇 배에 달하는 자금을 저리나 신용으로 공급하는 상생협력대출제도가 뿌리내리기 시작했다. 이는 '한국마사회 상생협력대출' '조달청 네트워크론' '지식경제부와의 신용보증부 상생협력대출' '무역협회 상생협력대출' '서울보증보험과의 사이클론' 'B2B 팩토링' 등 상생대출 상품 출시로 이어졌다.

하위단위 협력업체로 이어진 것도 의미가 컸다. 네트워크론은 처음에 1차 협력업체로 국한되었으나, 활용도가 높아지자 2차, 3차 협력업체로까지 파급되었다. 잘 만든 상품은 스스로 움직이는 '유기체'가 된다는 사실을 그때 처음 확인할 수 있었다.

기업은행 입장에서는 경영 측면에서도 우수한 선례가 되었다. 이를 통해 대기업과의 협력관계를 더욱 긴밀하게 할 수 있는 수단으로도 자리매김되었다. 대표적으로 2007년 7월에 본부, 강남, 여의도에 대기업 금융거래를 전담하는 기업금융센터를 신설하게 된 것도 네트워크론이 있었기에 가능했다.

(IBK기업은행 경제연구소 간행물 〈신화창조의 비밀〉 중에서)

자신의 성공을 벤치마킹하라

메디컬 네트워크론의 시작

• 네트워크론의 성공 이후, 후속 신상품 개발에 몰두하던 어느 날이었다. 신문에서 '중소의료기관의 경영난'에 관한 기사를 접하게 됐다.

"환자를 치료한 후 국민건강보험공단으로부터 진료비를 받을 때까지는 상당한 기일이 소요되고, 이 때문에 중소의료기관들이 자금난에 허덕인다."

기본적으로 은행은 돈이 필요한 분야에서 빛을 발한다. 그 기사를 보자마자 아이디어 하나가 번뜩 떠올랐다. '네트워크론을 제조업이 아닌 병의원에도 응용할 수 있지 않을까?' 기존의 네트워크론을 병의원에 응용하게 되면, 이런 구조가 되는 셈이었다.

발주업체(대기업) = 국민건강보험공단

중소협력업체 = 병의원, 약국

생산 활동 = 치료 행위

납품 후 대금청구 = 치료 후 의료비 청구

하나씩 따져보니, 기존의 네트워크론 개념을 그대로 적용할 수 있겠다는 판단이 섰다. 만약 이런 현실이 성사된다면, 모든 병의원과 약국은 의료행위와 동시에 진료비를 받을 수 있고, 진료비 청구와 수령업무가 크게 줄어들어 운영비도 절감할 수 있다는 생각이 들었다. 중소의료기관과 약국에서 폭발적인 반응이 일어날 것이고, 국민건강보험공단도 건전한 의료체계 구축에 기여할 수 있게 된다.

그해 초, 전국 지점장 회의가 열렸다. 사업본부별로 새해 사업계획을 설명하고 행장님의 말씀을 듣는 자리였다. 당시 기업고객 본부장이었던 나는 "새해에는 '메디컬 네트워크론'을 개발해서 판매하겠다"고 발표했다. 믿는 구석은 없었지만, 자신은 있었다. 발표를 끝내고 내려오니 동료들이 "안 되면 어쩌려고 하느냐?"며 나보다 더 걱정이었다. 나는 그들에게 한마디 했다.

"무슨 일을 하든지, 걱정부터 하지 말자!"

내 구상이 현실이 되려면 많은 관문을 넘어야 했다. 무엇보다도 국민건강보험공단을 설득하는 것이 관건이었다. 공단을 설득하려면 그쪽과 긴밀하게 이야기할 수 있는 사람이 필요했다. 만나는 직원마다 "혹시 국민건강보험공단에 아는 사람 없어?"라고 물어보았다. 우연히 복도에서 마주친 기업고객부 사후관리 담당 윤완식 차장에게도 마찬가지였다. 네트워크론 담당자는 아니었지만, 워낙 친화력 있는 사람이어서 내심 기대를 했다.

"아는 사람이 있긴 한데…."

내 직감은 틀리지 않았다. 이 한마디 대답으로 윤 차장은 '메디컬 네트워크론' 업무를 추진하게 되었다. 어차피 이 프로젝트가 성사되려면 신용보증기금과 업무협력도 반드시 거쳐야 하는데, 그러려면 윤 차장의 협력이 필요했다. 그에게 좀 더 많은 짐을 지운 것이다.

확신을 가지고 단호한 태도를 취하라

국민건강보험공단 책임자를 만나다

• 보건복지부 산하기관인 국민건강보험공단은 당시 국민은행이 주거래은행이었다. 국내 은행 중 규모가 가장 큰 국민은행이 관리하는 곳이라 다른 은행이 진입하기가 여간 까다롭지 않았다. 그 당시 국민은행의 영업력은 거의 최고 수준이었다. 당시 기업은행은 국민건강보험공단을 상대로 여유자금을 한시적으로 유치하는 정도의 인연만 가지고 있었다. 그 이외에 업무를 확장하는 일은 사실상 불가능한 상황. 그러니 윤완식 차장에게 국민건강보험공단 영업을 맡기면서도 큰 기대는 없었다.

윤완식 차장은 국민건강보험공단 실무자와 수차례 미팅을 진행했다. 그러나 첫 미팅에서는 별다른 호응을 얻지 못했다.

상품의 완성도를 떠나 국민건강보험공단에서는 '기업은행'의 일에 관심이 없었다. 기본적으로 국민건강보험공단이라는 곳이 워낙 자금이 많은 곳이다 보니 금융권의 그 어떤 제안에도 '진지한 자세'를 취하지 않았다. 여기까지도 예상했던 일이었다. 그렇다고 여기서 물러설 우리가 아니었다.

우리에게는 '우리의 아이디어를 진지하게 들어줄 사람'이 필요했다. 충분히 우리의 취지를 설명할 시간을 마련하는 게 급선무였다. 설명 한번 제대로 못해보고 물러서는 것은 용납이 안 되는 일이었다.

그러던 어느 날이었다. 윤 차장이 내게 달려와서 "친지로부터 사고가 진취적인 공단의 재무담당 이사를 소개받았다"는 말을 전했다. 윤 차장의 설명을 들어보니 말이 통하는 사람일 것 같았다. 우리는 즉시 약속을 잡았다.

나와 윤 차장이 국민건강보험공단에 방문하자, 그 자리에는 자금담당 이사와 자금운용 부장이 기다리고 있었다. 큰 기대를 하고 왔지만, 그들은 표정부터 심드렁했다. 으레 그러듯이 '예금이나 부탁하려고 왔겠지' 하는 생각을 하고 있는 것 같았다. 그래서 처음부터 선을 그었다.

"우리는 예금을 부탁하려고 방문한 것이 아닙니다. 공익성을 띤 양 기관이 서로 협력해 중소 요양기관에 이제까지 없던 혁신적 방법으로 저리의 자금지원을 하고, 그렇게 함으로써 국민 의료체계를 더 건전하게 구축해나갈 수 있는 방안에 대해 자세한 설명을 하기 위해서입니다."

처음부터 강하게 이야기하자, 그들은 흠칫 놀란 표정을 지었다. 저자세로 나올 줄 알았던 우리가 강한 태도를 취하자 그들은 당황했다. 자금담당 이사가 말했다.

"그렇다면 어떤 이야기를 하고 싶으십니까?"

"언론을 통해 알고 계시겠지만, '네트워크론'은 이제 시대의 큰 흐름이 되었습니다. 이러한 조류를 활용한다면 공단에 대한 대국민 이미지 개선에도 크게 도움이 될 것입니다."

자금 담당 이사도 네트워크론에 대해서는 잘 알고 있었다. 당시 신문에는 거의 매일 네트워크론 관련 기사가 오르내리고 있었다. 그들은 내가 실무를 진두지휘한 사람이라고 설명하자 꽤나 흥미로워했다. 거기에 첫 대화부터 '돌직구'를 날리니, 우리 말에 귀를 기울였다. 덕분에 형식적일 수 있었던 미팅은 꽤나 진지하게 진행됐다. 그들은 정말 열심히 들었고, 대화가 끝날 무렵에는 감명마저 받았다. 자금담당 이사는 우리와의 미팅이 끝나자마자 보험급여부장을 불러 기업은행 제안을 검토하도록 주문했다. 일단 하나의 산은 넘은 셈이었다.

끈기만이 답이다

국민건강보험공단을 설득하다

국민건강보험공단의 담당 임원을 만나기 전, 실무책임자를 만났다. 준비한 제안서 10페이지 중 3페이지를 설명할 때였다. 그는 "그만하라"며 제지하더니, 이렇게 말했다.

"우리가 왜 당신들과 그런 일을 해야 합니까? 그런 제안은 하나은행이나 신한은행이 몇 년간 좇아다녀도 못한다고 했던 일입니다."

아무리 부탁을 하러 간 입장이지만, 불쾌한 건 어쩔 수 없었다. 하지만 그 사람의 입장에서 생각하면 사실 그럴 만했다. '왜 일을 만들어서 책임을 져야 하나?'라는 생각을 할 수 있는 것이다. 다행스럽게도 얼마 지나지 않아 그 차장은 다른 부서로 떠났고 다른 사람이 업무를 담당하게 됐다.

새로 온 실무책임자는 우리에게 정보노출 문제, 특혜시비, 보안, 전용선 설치 등 실무와 관련한 제반 절차와 법률적인 문제까지 차례로 자료를 요청했다. 우리는 열심히 준비해서 그들이 원하는 자료를 제공했다. 검토는 빠르게 진행됐지만, 결정은 빨리 내려지지 않았다. 거의 모든 공공기관은 '최상부의 지시가 떨어지지 않는 한' 새로운 사업을 시작하기까지 꽤나 보수적으로 움직인다. 국민건강보험공단에서는 한 달여간 검토를 진행한 후 '기업은행에 대한 특혜 소지 및 공단업무부담 가중' 등을 이유로 '불가능' 의견을 제시했다.

공단 측은 메디컬 네트워크론이 성사될 경우 발생하는 이득을 생각하기보다는 '구설수'에 오르는 것을 더 부담스러워했다. 기업은행에 대한 특혜 논란이 있을 수 있고, 주 거래처인 국민은행의 반발도 그들 입장에서는 골칫거리였을 것이다. 굳이 안 해도 되는 거래를 해서 기존 거래처와 관계를 악화시킬 이유가 없다는 게 그들의 생각이었다. 상황이 이렇게 되자, 그 자리에 누가 와도 똑같을 거라는 생각이 들었다. 시간이 늘어질수록 우리의 제안은 공허해져갔다.

칼을 뽑았으면 무라도 베어야 한다는 게 나의 지론이다. 계획을 세워놓고 아무것도 해내지 못하는 것은 참을 수 없었다. 내가 할 수 있는 것은 하나밖에 없었다. '설득'. 나는 사력을 다해 국민건강보험공단을 설득해나갔다.

미팅이 계속되자 설득은 설득을 낳았다. 공단 검토 의견 중 오해가 있었던 부분을 계속해서 풀어냈고, 본 사업을 통해 공단의 공익성이 얼마나 더 향상될 수 있는지 기대효과를 적극적으로 강조했다. 설득의 기간만 약 두 달이 소요되었다. 갖은 노력을 기울이자 적어도 실무책임자와는 이견이 많이 좁혀졌다. 그러나 또다시 예상치 못한 변수가 발생했다. 우리와 이야기를 주고받던 책임자가 다른 부서로 발령이 난 것이다. 두 달 동안 들인 공이 수포로 돌아가는, 참으로 허탈한 순간이었다.

세 번째 담당자가 부임해왔다. 더 이상 뜸 들일 일도 아니었다. 또다시 설득을 시작했다. 설득만 수개월째 하다 보니 보험공단 직원들도 내가 익숙해졌는지, 나를 아주 편하게 대했다.

그러는 사이 '설득의 포인트'도 바뀌었다. 처음 만든 보고서는 중소 병의원과 약국들이 누릴 편익이 과소평가된 측면이 있었는데, 나중에는 '의료기관들이 구체적으로 얼마나 도움을 받을 수 있는지, 이를 위해 기울인 공단의 노력이 얼마나 제대로 평가받을 수 있는지의 측면'을 강조하게 됐다. 또 다른 실무책임자를 설득하는 데에도 또다시 두 달이 걸렸지만, 이 덕분에 긍정적인 보고서가 상부로 올라갔다.

하나의 산을 넘으면 또 다른 산도 넘을 수 있다

메디컬 네트워크론이 남긴 것들

• 이제 공단의 최종 의사결정만 남았다. 국민건강보험공단은 마지막까지 녹록지 않았다. 공단 비서실 및 고문변호사의 검토가 한 문항 한 문항 깐깐하게 이루어졌다. 그들의 지적이 나오면, 이를 보완하기 위해 윤 차장은 아예 공단에 출근해 업무를 처리했다. 그렇게 하기를 또 몇 개월…. 드디어 공단 이사장이 기업은행과 함께 '메디컬 네트워크론'을 진행하기로 결심했다. 끈기가 만들어낸 승리였다.

기업은행과 국민건강보험공단은 소공동 롯데호텔에서 '공동 지원에 대한 업무협약식'을 진행했다. 기업은행 강권석 행장, 국민건강보험공단 이성재 이사장, 두 조직의 주요 인사들이 모두 참석한 성대한 자리였다. 이로써 기업은행은 우리나라의 대표적 공공기관인 국민건강보험공단과 인연을 맺게 됐다. 기업은행의 역사를 전부 훑어봐도 다섯 손가락 안에 드는 쾌거였다. 이성재 이사장은 그야말로 나라를 생각하며 일하는 분이었다. "요양기관에 도움이 된다면 충분히 따져서 안 해오던 일이라도 해야 한다"는 생각을 분명하게 밝혔다.

'메디컬 네트워크론' 프로젝트가 시작되자, 전국 7만여 의료기관에 좋은 조건의 금융지원이 가능해졌고, 이를 통해 고객들은 안정적인 서비스를 받게 되었다. 국민건강보험공단의 이미지도 중소병원까지 챙기는 기관이라는 점이 부각되면서 한결 공공성을 띠게 됐다. 기업은행 입장에서는 그동안 불모지나 다름없었던 병의원, 약국 등 의료기관을 고객으로 받아들이는 성과를 거두었다. 이 상품을 통해 기업은행은 의료기관 대출 순위 꼴찌에서 단번에 2위로 치고 올라갈 수 있었다.

이게 끝이 아니었다. 기업은행은 메디컬 네트워크론을 성공적으로 추진한 덕분에 국민건강보험공단의 또 다른 큰 사업도 가져오게 됐다. 한 해 수십조 원의 자금흐름을 관리하는 자금관리 서비스In House Banking를 공개경쟁입찰을 통해 수주하게 된 것이다. 이 두 가지 사업을 통해 기업은행은 명실공히 국민건강보험공단의 주거래은행으로 입지를 굳혔다.

나는 기업은행 재직 시 직원들에게 독설을 많이 했다. 대표적으로 자주 했던 말은 "일하는 시늉을 내지 말고 일을 하라"는 것이었다. 직장에서 월급 받는 사람 중에 누가 시늉으로만 일을 하겠느냐마는, 정성과 끈기가 모자라는 사람에게는 가차 없이 독설을 했다. 주인으로 일하라는 의미였다. 주인은 절대 시늉만 내지 않는다.

메디컬 네트워크론을 취급하는 과정에서 보여준 윤완식 차장의 끈기는 정말로 대단했다. 힘든 순간에도 성공에 대한 확신을 버리지 않고 시종일관 열심히 뛰어다녔다. 이런 사람들이 출세하는 세상을 보고 싶다.

목표가 틀어지면 새 길을 개척하라

IBK연금보험사의 설립

• 2008년 초는 정권이 바뀌는 시기였다. '수석부행장이 누가 되느냐?'가 차기 행장의 향방을 가늠할 수 있는 잣대였다. 그러나 나는 수석부행장 경쟁에서 탈락했다. 탈락 결정이 나자, 은행장님께 "IBK캐피탈로 보내달라"고 요청했다. 수석부행장을 못할 바에야 계열사 대표이사를 하겠다는 생각이었다. 그러나 행장님을 비롯한 선후배, 가족까지 내 계획에 반대를 표했다. 기업은행에 남아서 '다른 기회'를 만들라는 의미였다. 주변의 의견이 하나같으니, 나 혼자 계속해서 고집을 부릴 수 없었다.

그 무렵, 행장님께서 나에게 'IBK보험사 초대 사장' 자리를 제안했다. 당시 기업은행 내에는 보험사 설립준비단이 있었다. 그때까지 상당 기간을 보험사 설립에 공을 들이고 있었지만, 준비단은 눈에 띄는 진척이 없었다. 보험업계는 워낙 시장 진입 장벽이 높다. 새로운 보험사가 만들어지는 게 매우 힘들다. 시장에서는 '기업은행의 보험사 창설 프로젝트'는 실패로 끝날 것이라는 전망이 우세했다. 한마디로 '난제' 중의 난제였고, 나 역시 자신이 없었다.

2009년 1월, 나는 IBK보험사 설립 준비위원회 위원장이 됐다. 준비위원장이 되자마자 기업은행의 관리와 책임을 담당하는 조직인 금융위원회에 찾아가 "보험사 설립을 도와달라"고 요청했다. 그 말에 담당자는 "지금 그런 이야기를 할 때가 아니지 않느냐?"는 반응이었다. 당시는 2008년 미국에서 터진 서브프라임 모기지 사태 여파로 전 세계 경기가 바닥을 긁고 있었다. 우리도 예외는 아니었고 특히 경기에 민감할 수밖에 없는 보험업계는 최악의 실적 부진에 시달리고 있었다. 그런 반응이 나올 만했고, 예상하지 못한 반응도 아니었다.

나는 또다시 설득하기 시작했다.

"불황기에 대기업보다 중소기업이 파산하기 쉽다. 중소기업이 부도가 나면 거기서 일하는 근로자들은 빈곤층으로 몰리게 될 수밖에 없다. 그러니 중소기업 근로자들을 위한 연금보험회사를 만들어 개인연금이나 퇴직연금을 많이 들게 만들어야 한다. 중소기업 직원들의 연금을 가장 잘 들게 할 수 있는 보험사야말로 기업은행 계열 보험사가 아니겠느냐."

내 주장의 요지는 이랬다. 실제로 전 세계가 금융 위기를 겪으면서, 수출 판로가 막힌 국내 중소기업들의 부도가 연이어 발생하고 있었다. 몇 푼 안 되는 퇴직금으로 실직 기간 동안 어떻게 살 것인가? 중소기업 근로자들이 노후 준비가 안 되어 있으면 개인도 어렵겠지만 국가적으로도 큰 부담이다. '기업은행에서 안 한다고 해도 금융위원회에서 해달라고 권유해야 될 판인데, 왜 우리가 요청하는데도 안 들어줄까?' 하는 생각도 없지 않았다. 정부의 고민을 몰라서 했던 생각이었겠지만.

설득이라는 게 그렇다. 처음에는 시대 상황에 맞지 않아 받아들이기 어렵다고 생각할 수 있지만 같은 이야기를 시종일관 듣다 보면 어느새 진정성을 느끼게 되고 귀를 기울이게 되는 것 같다. 시간이 날 때마다 금융위원회 담당자를 만나 진지하게 이해를 구하고 설득하다 보니 점차 말이 통하기 시작했다. 워낙 거시경제 관련 정보를 많이 가지고 있고, 이해가 빠른 분들이라 중소기업 관련 연금전문보험사의 설립이 필요하겠다는 생각을 하고 있었을지도 모른다.

실제로 우리 국민들의 노후 준비는 거의 안 되어 있다. 공적 연금 외에 노후를 대비해 사적으로 드는 개인연금이나 퇴직연금을 사적연금이라 하는데, 이 사적연금이 GDP의 몇 %인지를 파악하는 지표가 있다. 경제적으로 국민들의 노후 준비가 얼마나 잘되어 있는가를 볼 수 있는 지표다. 우리나라는 OECD 회원국 중 사적연금 비율이 가장 낮다. 2007년 기준으로 우리나라의 사적연금 비율은 7.9% 수준이었다. OECD 회원국 평균은 111.0%였다. 공적연금도 충분한 수준이 아니기 때문에 우리 국민들은 노후 준비가 거의 안 돼 있는 것이나 다름이 없다.

노인 자살률이 다른 나라에 비해 비정상적으로 높은 것이나, 중년 이후 이혼율이 높아지는 것도 준비 안 된 노후와 연관이 있다. 이런 문제를 방치하는 것은 정부의 잘못일 수 있다는 내용을 가지고 1년 3개월이란 긴 시간 동안 설득한 끝에 금융위원회로부터 "허가를 신청하라"는 답변을 받아냈다. 이 기쁜 소식을 행장님께 보고드리고, 금융위원회 담당책임자에게도 "은행장님께 직접 연락을 주셨으면 좋겠다"는 부탁을 했다. 역시 열 번 찍어서 안 넘어가는 나무는 없는 법이다.

최선을 다했다면 당당히 주장하라

IBK연금보험 초대 사장이 되다

• 우리는 연금보험 단종(單種)으로 금융위원회에 허가를 신청했다. 보장성보험도 아니고 마진율이 박한 연금보험으로 보험사를 운영하는 것은 모험에 가깝다. 그럼에도 연금보험 하나만 들고 나선 데에는 그만한 이유가 있었다.

처음부터 종합보험사로 시작하는 게 쉽지 않았고, 이미 보험침투율이 100%에 가까운 나라에서 종합보험사를 신설하겠다는 것은 명분이 없다고 보았기 때문이다. 단순하고 세련되지 못한 명분으로 설립 신청을 했음에도 불구하고 우리나라의 국민들, 특히 중소기업 임직원들의 어려운 상황을 십분 이해한 금융위원회는 보험업 인가를 내주었다.

보험사 신설 인가를 받아낸 것은 국내에서 17년 만에 처음 있는 일이었다. 기업은행 입장에서는 그야말로 쾌거였다. 그간에 겪었던 이러저런 일들이 주마등처럼 스쳐 지나갔다.

보험사 설립준비위원장이 된 후에 밤잠을 설쳐가며 수없이 많은 사업 계획을 세우고 연금보험 전문 자료를 읽으며 사장이 될 준비를 했다. 얼마나 기뻤겠는가? 난망하게 여겼던 보험사 설립 인가를 받아낸 기쁨은 말할 수 없을 정도로 컸다. '이제 드디어 은행원이 보험사 사장이 되는구나'라는 생각이 들었다. 그러던 어느 날이었다. 행장님께서 갑자기 나를 불러 말씀하셨다.

"이 부행장은 보험사 경력이 없지 않느냐? 보험사가 만들어지면 사장 대신 수석 부사장이 좋겠다."

은행장님 입장에서는 새로운 보험사를 만드는 책임이 크니 전문가에게 그 책임을 맡기고 싶을 수도 있겠다 싶었다. 보험 경력도 없는 사람을 초대 사장으로 임명하기는 쉽지 않았을 테니 말이다. 그러나 그와 별개로 서운한 것은 어쩔 수 없었다.

기업은행의 보험회사 설립 허가는 내가 열과 성을 다한 작품이었다. 처음부터 다시 정비해 만들어냈는데 사장이 아니라 부사장을 하라니, 내 입장에서는 땅을 칠 노릇이었다. 이럴 때 해야 할 반응은 한 가지다. 강하게 나가야 한다. 머뭇거려서도 안 된다. 그 말이 나오자마자 대차게 되받아쳤다.

"그럴 바에야 회사를 그만두겠습니다."

그렇게 행장님과 헤어졌고 그날은 이런저런 고민에 밤을 꼬박 샜다. 물론 그만둘 생각은 조금도 없었다. 2년 가까이 고생해서 만든 보험회사, 30년 다닌 기업은행인데 어떻게 쉽게 그만둘 수 있겠는가? 일하는 사람과 열매를 따 먹는 사람이 따로 있는 것은 개인적으로 억울한 일일 뿐만 아니라 조직에도 그런 일이 있어서는 안 된다고 생각했다.

아무리 힘들어도 열심히 일한 대가는 스스로 쟁취해야 한다.

이건 조직 생활을 할 때 절대 잊어서는 안 되는 직장인의 자세다. 단지 그 분야의 전문가가 아니라는 이유로 경영자로 부적합하다는 평가를 내리는 것은 받아들일 수 없었다. 문제는 행장님을 설득하는 일이었다. 밤새 어떻게 설득할지 고민했다.

다음 날 아침, 회사에 출근하자마자 행장실로 달려갔다. 기존의 내 성격 같았으면 오로지 논리로 설득했겠지만, 이번 사안은 이전과 많이 달랐다. 다른 방법이 필요했다. 들고 간 책 한 권을 행장님 앞에서 펼쳐 보였다. 짐 콜린스의 『좋은 기업을 넘어 위대한 기업으로』. 그중에서도 '전문가론의 허구성 이야기'가 담긴 부분이었다.

"기업가의 성공은 전문성보다는 캐릭터입니다. 행장님도 공무원 출신인데 기업은행 행장으로 잘하고 계시지 않습니까?"

"금융전문가도 아니면서 은행 경영을 잘하고 계시지 않느냐!"는 말은 그야말로 '돌직구'였다. 'Yes'나 'No'로 답해야 했다. 행장님 역시 기업경영은 기술보다 인간적인 자질이 훨씬 중요하다는 것을 모를 리 없었다. 행장님이 주춤거리는 사이, 틈을 주지 않고 20분 동안 전문가론이 잘못된 상식이라는 점을 강력하게 주장했다. 행장님은 내 말을 모두 들은 후 말씀하셨다.

"결국 사장을 하겠다는 것 아닙니까?"

"당연합니다. 저에게 맡겨주세요."

납득할 만한 결격 사유가 있다면 받아들이고 당연히 포기해야 하겠지만, 그렇지 않다면 받아들이기 어렵고 포기할 수 없다고 생각한다. 그때 내가 약한 모습을 보였다면, 다른 이유가 아니라 나의 약한 모습 때문에 나 대신 다른 사람을 사장 자리에 앉혔다면, 그것이야말로 굴욕적인 일일 것이다.

직장생활은 당당해야 한다. 일은 열심히 하고 열매는 남에게 빼앗기는 바보 짓도 절대 해서는 안 된다. 그렇게 되면 개인은 말할 것도 없고 조직을 위해서도 불행한 일이다. 능력이 많은데도 불구하고 중용되지 못하는 후배들이 승진을 포기하는 듯한 입장을 취할 때가 있다. 능력 이외의 다른 요인이 승진을 결정한다면 깨끗이 포기하겠다는 후배들을 볼 때마다 하는 이야기가 있다.

"당신이 포기한 그 자리에 상대적으로 무능한 사람이 올라갈 수 있다. 정말 당신이 유능하다면 포기하지 마라. 당신을 위해서는 물론, 조직을 위해서도 그래야 한다."

열심히 일하고 당당하게 주장하라. 이것이 내가 생각하는 '오너 스탠스'다.

짐 콜린스가 말하는 '전문가론의 허구성'

짐 콜린스는 저서 『좋은 기업을 넘어 위대한 기업으로』에서 "저명한 외부 인사를 영입해 변화를 추구하는 것은 좋은 회사에서 위대한 회사로의 지속적인 전환과 부정적인 상관관계를 보이는 것으로 드러났다"고 밝혔다. 게다가 "좋은 회사를 위대한 회사로 도약시킨 CEO 11명 중 10명은 회사 내부 출신이었고, 그중 셋은 세습 경영자였다"면서, "비교 기업들은 6배나 자주 외부 인사들을 영입했으나 지속적인 성공을 일구어내는 데는 실패했다"고 설명했다.

한마디로 전문가 영입이 회사의 발전에 오히려 나쁜 영향을 끼친다는 말이다. 위대한 회사로 도약한 기업들을 살펴보면 'CEO는 전문가가 아닌 내부 출신'이라는 조사 결과를 내세워 전문가론의 허구성을 설명했다.

오너는 규모보다 수익에 관심을 갖는다

1년 6개월 만에 흑자를 내다

우여곡절 끝에 IBK연금보험 초대 사장이 되었다. 그전에 IBK연금보험사 설립허가 과정에서 찬반양론이 많았다. 반대 측 주장 중에 나를 가장 힘들게 하는 논리가 하나 있었다. "단종 연금보험사는 마진율이 박해서 절대 흑자를 낼 수 없다"는 주장이 그것이었다. 관계 당국뿐만 아니라 그동안 만나본 거의 모든 보험 전문가들이 그렇게 말했다. 아픈 부분이고 수긍이 가는 이야기였다. 하지만 오기가 생겼다.

담당 임원과 팀장을 불러 "우리 회사가 2년 안에 흑자를 내려면 수익을 어느 정도 수준으로 내야 하고 비용을 얼마나 써야 하는지 계산해 보고하라"고 지시했다. 출범 당시 시작한 직원 인건비 등을 감안해서 비용은 쉽게 계산할 수 있었고 수익은 일시납과 적립식으로 나눠 계산하면 어렵지 않았다. 2년 안에 흑자를 내려면 적립식과 일시납을 얼마나 계약하고 비용은 어느 선에서 컨트롤해야 하는지 계산하고 그대로 집행하면 된다. 일종의 '역(逆)공학'인 셈이다.

어느 업종이든지 신설 회사를 보면 경영전략은 두 가지다. 하나는 비용은 최소화하고 매출은 극대화해 단기간에 흑자를 내기 위해 노력하는 실속파가 있다. 다른 하나는 이익은 뒷전이고 일단 몸집부터 키우는 쪽이다. 보통 월급쟁이 사장은 몸집부터 불리려 노력한다. 실속 있는 오너는 이익을 빨리 내는 구도를 선택한다. 나는 철저하게 이익을 빨리 내는 전략을 선호했다. 이익을 내야 투자가 가능하고, 투자를 해야 기업가치가 늘어나는 선순환 구조를 만들어낼 수 있기 때문이다.

그동안 신설사가 몸집 늘리는 데에만 급급하다가 오랫동안 적자를 면치 못하는 경우를 많이 봐왔다. IBK그룹 안에도 이 같은 자회사가 있다. 내 주머니에서 자본금이 나왔다면 몸집 불리기에 급급하다 적자를 내는 경영을 하겠는가? 내 돈이 아니라고 생각하니 소위 '폼 잡는' 경영을 선택하는 것 아니겠는가?

IBK연금보험은 1년 6개월 만에 누적당기순익을 냈다. 수입 보험료 4,400억 원, 흑자 47억 원이었다. 규모도 계속 늘어서 설립 2년 만에 총자산 1조 원을 달성했다. 놀라운 숫자이지만, 숫자 자체보다 '출범 초기 흑자'라는 사실이 중요하다. 기존의 보험 회사들은 신설 후 평균 11년 만에 흑자(당기순이익)로 돌아선다. 삼성생명조차 총자산 1조 원이 되기까지 17년이나 걸렸다. 물가 상승 등 여러 요인이 있어서 단순 비교는 어렵겠지만, IBK연금보험이 이뤄낸 1조 원은 적은 금액이 아니다. 짧은 시간 안에 질적, 양적 성장이란 두 마리 토끼를 잡을 수 있었다.

IBK연금보험이 설립 허가를 신청하면서 제출한 사업계획서상의 이익목표 달성시기는 '당기순이익 3년, 누적당기순이익 5년'이었다. 그러나 정부의 "보험사 이익이 그렇게 단기간에 날 수 없으니 각각 5년, 7년으로 수정하는 것이 좋겠다"는 권고를 받아들여 '당기순이익 5년, 누적당기순이익 7년'으로 수정했다. 이런 형편이니 적자를 낸들 누가 뭐라고 하겠는가? 초대 사장을 맡으면서 한 번도 월급쟁이 사장이라고 생각해 본 적이 없었다. 내 회사라고 생각했다. 내가 돈 내서 만든 회사라면 하루라도 빨리 이익을 내고 싶지 않겠는가? 월급쟁이라면 몰라도 주인은 다르다. 달라야 한다.

이익을 내기 위해 무엇보다도 경비 절감에 많은 노력을 기울였다. 할 수 있는 모든 것을 했다. 우선, 사장을 제외하고는 비서를 두지 않았다. 힘들더라도 임원들이 직접 실무를 하고 현장에서 뛰어다니게 했다. 뿐만 아니다. 영업과 무관한 임원에게는 운전기사도 두지 못하게 했다. 회사 초기에는 위에서부터 허리띠를 졸라매는 모습을 보여야 한다고 생각했다. 광고도 하지 않았다. 요즘에는 광고 없이 입소문에 의지하는 것도 하나의 마케팅 전략이 되었지만, 우리로서는 오로지 경비를 절감하기 위해서였다.

작은 것도 놓치지 않았다. 사무실을 꾸밀 때 그림 한 장 걸지 못하게 했다. 대신 그림 좋은 달력을 구해와 표구해서 걸었다. 인력도 최소한으로 유지했다. 아무리 인력충원을 요청해도 밤 12시 넘어서까지 일하는 부서 외에는 증원을 허락하지 않았다. 처음 1년 동안 골프장 회원권도 구매하지 못하게 했다. 필요하면 퍼블릭 골프장을 이용하게 했다. 이처럼 원칙을 정해놓고, 그 어떤 예외 상황도 인정하지 않았다. 힘들었지만, 초반에 이렇게 허리띠를 졸라매고 운영한 덕분에 이익을 낼 수 있었다. 쓸 것 다 써서는 절대로 회사가 자리 잡지 못한다. 나와 임직원들이 모두 같은 마음으로 '오너 스탠스'를 취했기 때문에 가능했던 일이다.

직원 모두를 오너로 만들어라

기업의 비전북을 만들다

직원들이 오너처럼 일하게 만들려면, 리더는 그들에게 간섭하지 말아야 한다. 사사건건 간섭하고 잔소리를 하면 직원들이 오너처럼 일하고 싶어도 그러질 못한다. 그렇다고 각자의 개성대로 일하게 한다면, 오합지졸이 될 수밖에 없다. 그렇다면 어떻게 하는 게 좋을까? 잔소리 대신 '비전북'이라는 내비게이터를 주는 것이다. 그러면 직원들은 비전북을 지침 삼아 자발적으로 일할 수 있다. 리더들은 직원들이 비전북 대로만 한다면, 간섭하거나 잔소리를 해서는 안 된다. '우리 회사는 어디로 가는가?' '어떻게 그곳에 가는가?' '가는 도중 의사결정은 어떤 기준으로 하는가?' 이 기준이 제시되지 않으면 직원들은 상사의 눈치만 보고 종처럼 지시를 기다릴 수밖에 없다.

그래서 2010년 IBK연금보험 사장으로 취임하고 나서 두 달 동안 비전북을 만드는 데 상당히 많은 시간을 할애했다. 과장이 만드는 비전북은 필요 없지만 사장 스스로가 만든 비전북은 필요하다고 생각한 것이다. 임직원 모두가 주인처럼 일하게 하기 위해서 비전 체계를 정립하는 것이 필요하다고 보았다. 그렇게 만들어진 비전북을 통해 우리 회사의 비전, 경영 전략, 핵심 가치를 모든 임직원들이 외우게 했고, 틈이 나는 대로 직원들이 잘 알고 있는지 사무실을 돌아다니며 확인했다. 신입사원이 5명 이상 채워지면, 내가 직접 1시간 이상 비전 교육을 실시했다. 비전북 내용은 아주 간단했다. 그 내용을 소개한다.

정체성(IBK연금보험은 무엇을 하는 회사인가?)

우리는 안정적인 노후생활에 관심을 가지고 있는 Dis-saver(저축을 못하는 예금인출)의 니즈를 찾아내고, 그것을 개발해 이익을 창출하는 기업이다.

'우리 회사는 무엇을 하는 회사인가?'를 한마디로 정의할 수 있어야 한다. IBK연금보험을 'Retirement Solution Provider(은퇴에 대한 해법을 제공하는 곳)'로 정의한 것이다.

비전(IBK연금보험은 어디로 가는가?)

고객이 재무적으로 안정된 미래를 추구하도록 도와줌으로써 우리가 진출한 시장에서 최고의 금융서비스 공급자가 되는 것이다.

2007년 말 기준 우리나라의 사적연금 비율은 7.9%였다. OECD 평균비율이 111.0%다. 우리나라 국민의 노후대비는 거의 안 돼 있는 셈이다. 이 사적연금 비율을 높여서 국민들이 노후에 경제적 여유를 가질 수 있도록 하는 것은 정말 중요하다. 턱없이 낮은 사적연금 비율이 높은 이혼율, 자살률, 낮은 저축률의 원인이라고 생각한다.

전략(어떻게 목적지에 도달할 것인가?)

열정과 집념을 가진 최고의 인재를 통해 고객 한 분 한 분이 IBK연금보험에 대한 만족을 체험하게 함으로써 고객이 우리를 좋아하도록 NPSNet Promoter Score를 높이는 것이다.

대로변에 있는 식당은 장사가 안 되는데 오히려 구석에 있는 보잘것없는 식당이 손님으로 바글바글한 경우가 있다. 입소문 탓이다. IBK연금보험의 고객들이 "거래해보니 IBK연금보험이 좋더라. 한번 거래해보라"고 주변 이웃에게 권할 수 있으면 무슨 영업이 필요하겠는가? 어떤 회사 상품을 고객들이 얼마나 좋아하고 이웃에게 권하는지 측정하는 지표가 NPS다. NPS는 추천고객의 비율에서 비추천고객의 비율을 뺀 것을 말하는데 추천의향을 11점 척도로 측정하여 9점에서 10점을 준 고객을 추천고객, 6점 이하 고객을 비추천고객으로 분류하여 계산한다. GE의 제프 이멜트는 "내가 본 고객지표 중 최고다. 당장 전사적으로 시행하자"고 말했고 지금도 시행하고 있다. 세계적으로 가장 뛰어난 은행인 미국의 웰스파고 은행의 경영전략은 '크로스 셀링Cross Selling'이다. 기업의 전략은 단순 명료해야 한다.

가치(우리가 중요하게 생각하는 가치는?)

인재 : 우리의 성장과 발전의 원동력은 적합한 인재다.

고객 : 고객에게 좋은 것이 가치 있는 것이다.

팀워크 : 내가 한 일을 자랑하지 말고 우리가 한 일을 자랑하자.

승리 : 마케팅은 전쟁이고 전쟁은 승리해야 한다.

가치에 대해서는 임직원들과 이견이 많았다. 고객이 제일 앞에 나와야 한다는 의견이 많았던 것이다. 그러나 기업의 가장 중요한 자산은 인재라고 생각한다. 삼성의 가치만큼 삼성에 인재가 있는 것이고 구글의 가치만큼 구글에 인재가 많은 것이다. IBK연금보험에서 가장 중요하게 생각하는 가치는 적합한 인재다. 적합한 인재를 모으면 나머지는 절로 다 해결된다고 생각한다.

행동규범(선택의 기로에서 무엇을 따를까?)

속도 : 빠른 기업은 언제나 느린 기업을 이긴다.

혁신: 최고, 최초, 유일이 아니면 시장에서 살아남기 어렵다.

성과: 성과에 비례해서 보상한다.

완벽한 보고서보다 빠른 보고서를 선호한다. 느린 사람이 일 잘하는 것을 본 적이 없다. 일본전산의 나가모리 시게노부 회장도 스피드가 5할, 노력이 3할, 능력이 1할 5푼, 학력은 고작 3푼, 회사지명도 2푼 기준으로 전략 안배를 한다고 말한다.

또한 구태의연한 기업은 살아남을 수 없다. 혁신을 통해 기존 회사들이 갖고 있지 못한 상품, 채널, 시스템을 갖춰 강자들의 약점을 파고들지 않으면 살아남을 수 없다.

아무리 그럴듯해 보이는 일도 성과를 창출할 수 없으면 아무것도 아니다. 열심히 했으나 성과는 없었다는 넋두리는 들을 필요가 없다. 사람은 똑똑한데 성과가 변변치 않다면 똑똑한 것이 무슨 의미가 있을까? IBK연금보험의 연봉과 승진은 철저하게 성과와 연동시켰다.

전략실행과정에서 어떤 선택을 할 것인가? 딱 세 가지를 고르라면 'VIP Velocity, Innovation, Performance'다.

종은 책상에서 주인은 현장에서 답을 찾는다

은행 대기시간도 줄일 수 있다

• 경영 화두는 유행처럼 바뀐다. 그러나 시간이 아무리 지나도 바뀌지 않는 가치는 존재한다. 바로 현장 중심의 생각이다. 기업은행의 기업문화개발사무국 과장 시절, 고객만족경영업무를 담당했다. 그야말로 고객이 만족할 수 있도록 전략을 짜는 자리였다. 지점의 고객만족도를 조사해보면 고객은 매우 중요하게 생각하지만 만족도가 가장 낮은 부문이 있었다. 바로 '창구 대기시간'이다. 고객이 귀한 시간을 쪼개어 은행 업무시간에 방문했는데, 대기시간이 한없이 길어진다면? 고객 입장에서 크나큰 손해일 수밖에 없다.

'도대체 대기시간은 왜 길어질까?' '이 문제를 고칠 수 있는 방법은 없을까?'를 고민하던 중 수도권에서 대기시간이 길어 문제가 되는 점포를 찾아봤다. 수색지점이었다. 나는 바로 이 지점에 파견을 자청하고 은행장님께 결재를 올렸다. 상황이 어떤지 직접 경험해봐야 했다. 직원 두 명과 함께였다. 나는 3개월간 그곳에 상주하며 해결책을 찾기로 하고 이를 행장님께 품의했다. 결재 서류에는 'Before & After' 양식을 첨부했다. Before란에는 평균 대기시간인 '10분'을 기입했고, After란에는 행장님께서 직접 기입하시도록 했다. 행장님은 웃으면서 빈칸에 '5분'이라는 목표치를 적어 넣으셨다. 재미있게 일하던 시절이고, 나의 재치 넘치는 결재 서류를 행장님 역시 여유 있게 받아준 셈이다. 이 결재서류 사본을 지금도 소중히 간직하고 있다. 나는 행장님의 기대를 등에 업고 지체 없이 수색지점으로 향했다. 1994년 봄의 일이었다.

지점에 파견된 뒤 우리는 현장 상황 파악에 주력했다. 초시계로 업무처리시간을 잿고, 그 시간 동안의 동작을 일일이 체크했다. 이러다 보니 문제가 발생했다. 직원 중 한 명이 노골적으로 불만을 표출한 것이다. 효율적인 업무처리를 위한 방안이었으나, 직원들에게는 감시의 눈길로 다가왔고 이것이 스트레스가 된 듯했다. 오해를 풀기 위해선 무엇보다 우리의 노력에 대한 직원들의 이해와 공감이 필요했다. 일단 나는 일본 출장을 다녀오는 길에 산 작은 선물을 그 직원에게 전달하며, 이해와 협조를 부탁했다. 다행히도 그는 우리의 진심을 알아줬고 아군이 돼주었다.

직원들과 공감대가 형성되자, 업무 환경 개선이 일사천리로 진행됐다. 전표 개조, 동선 개선, 스탬프 활용 등 현장에서 발견한 개선안을 바로 적용할 수 있었고, 이로써 대기시간을 3분대로 단축하는 쾌거를 이뤘다. 문제의 원인을 찾아 개선했더니 당초 목표했던 단축시간보다 줄일 수 있었던 것이다.

문서만 만들어 시행하는 것이 본부 직원의 일이라고 생각하면 오산이다. 현장에서 문제가 무엇인지 파악하고 그 문제를 개선할 방법을 찾아내 그것을 모든 지점으로 확산시키는 것이 본부 직원이 할 일이다. 그리고 바로 오너의 역할이다.

오너는 스스로 해야 할 일을 찾는다

공모주 청약예금, 전단지로 홍보하다

• 1980년대 중반 서교동지점에서 일한 적이 있다. 당시 예금 영업을 맡고 있었는데, '공모주 청약정기예금'을 접하고 '이거다!' 싶은 생각이 들었다. 공모주 청약정기예금이란 기업이 기업을 공개해 주식공모를 할 때 그 주식을 사고 싶은 예금주들이 이 예금에 가입하면 신주를 청약할 수 있는 자격이 부여되는데, 공모가 이상으로 주가가 오르면 그만큼 투자 수익을 기대할 수 있는 상품이다. 당시 예금금리에 만족하지 못하는 고객들에게 상당히 인기가 있었다.

"지점장님, 이 동네 주민들에게는 '공모주 청약정기예금'이 잘 맞을 것 같은데 적극적으로 홍보해보는 게 어떨까요?"

"좋은 아이디어라도 있나?"

"전단지를 만들어서 집집마다 돌려보죠."

"괜찮은 생각인데. 이 대리가 맡아서 진행해봐."

기업은행 서교동지점에서 있었던 일이고, '이 대리'는 바로 나였다. 은행원이 전단지를 돌린다니, 지금도 좀체 보기 힘든 일이지만 은행원이 화이트칼라의 상징과도 같았던 당시에는 더욱더 보기 힘들었다. 우리 지점장님은 나의 건의에 '전단지 살포' 지시를 내렸고, 우리 지점 직원들은 새벽 댓바람을 맞으며 전단지를 돌렸다.

"하고 싶으면 저나 할 것이지 왜 우리까지 생고생시키는 거야!"

모든 직원들이 일찍 나와야 했으니 내가 원망스러웠을 것이다. 더군다나 나는 서교동지점으로 발령받은 지 얼마 되지 않은, 대리 중에서도 신참 대리였다. 하지만 이런저런 것을 의식하다 보면 의미 있는 일을 하기가 정말 어려워진다. 지금도 그렇지만, '남이 나를 어떻게 볼까?' 하는 것에는 관심이 없다.

이런 미움을 사면서까지 내가 '공모주 청약정기예금'을 접하고 '이거다!' 싶었던 이유가 있었다. 서교동지점 부근에는 금전적으로 넉넉한 사람들이 꽤 많이 살고 있었다. 그분들에게 많은 상품을 권하는 것보다 조금 색다른 상품을 권하면 꽤 관심을 가질 것 같다는 생각이 들었다.

1980년대는 우리나라가 '한강의 기적'을 일구며 고도성장을 이루던 시기였다. 기업 가치가 치솟고 주식회사 설립이 봇물을 이뤘다. 기업공개가 줄을 이으면서 공모주를 배정받으려는 사람들도 늘어났다. 그때 등장한 게 바로 '공모주 청약정기예금'이었다. 정기예금을 들어서 3개월 이상 지나 신주를 받는 구조였다. 예상대로 공모주 청약정기예금이란 무엇이고, 돈을 어떻게 벌 수 있는지 상세히 적혀 있는 전단지를 보고 주민들이 은행으로 연락을 해왔다.

결과는 대성공이었다. 판매실적은 쑥쑥 올라갔다. 이 상품으로 인해 서교동지점 매출이 다른 지점에 비해 월등히 높아졌다. 은행에서 만든 '희귀한' 전단지에 반응해준 지역 주민들의 도움 덕분이었다. 결국 우리 지점의 '공모주 청약정기예금' 판매는 '고객은 돈을 벌고, 지점은 실적을 올린' 은행 영업의 대표적인 성공 사례가 되었다.

이 일은 내게 하나의 전환점이 되었다. 이전까지는 나 역시 그저 큰 조직에 속한 하나의 부품으로 주어진 역할만 해왔지만, 직접 아이디어를 내고 사업을 주도해 성과를 낸 첫 번째 경험은 나의 직장생활을 180도 바꿔놓았다.

사회 초년병 시절 나는 좌충우돌하는 성격이었다. 성격도 성격이지만, 은행원이 대부분 보수적이다 보니 더더욱 튀어 보였다. 업무를 찾아서 했고, 주어진 매뉴얼보다 나은 방법을 찾으려고 노력했다. 누가 시키는 것도 아닌데 사서 고생하는 스타일이었다. 세간의 평가 따위는 관심도 없었다. 일단 하고 싶은 일이 생기면 주변 분위기는 따지지 않고 들이댔다. 실수도 많았지만 성과 역시 컸다. 지금에서는 '그때 좀 더 세련되게 남 눈치도 보면서 일 했더라면, 좀 더 좋은 평을 얻지 않았을까?' 하는 후회도 없지 않다.

인생에 '나'라는 주어를 넣어라

그 시절을 돌이켜 보면 슬며시 웃음이 나올 때도 있다. 편안하게 직장생활을 할 수도 있었을 텐데 무슨 부귀영화를 보겠다고 그랬을까? 모난 돌이 정 맞는다고 '조직의 쓴맛'이 두렵지도 않았던가? 이상하게도 나는 이런 걱정이 없었다. 한번 사는 인생, 뭘 그렇게 눈치 보며 일하나 싶었다.

내가 금융권에서 '성공'이라는 이야기를 듣는 것은 바로 다 그 '별난 행보' 덕분이라고 생각한다. 별난 행보도 하나씩 쌓이다 보니 업적이 되었고, 나만의 '워킹코드working code'가 만들어진 셈이다. 내가 주장하는 워킹코드는 '나'다.

조직에서 원하는 성과를 이루고 조직으로부터 원하는 대우를 받고 싶다면, 삶의 문장마다 '나'라는 주어(主語)가 있어야 한다.

내가 주어가 되는 삶은 조직 안에 있어도 '오너 스탠스'를 가질 수 있다. 무슨 일이든 오너 스탠스를 가져야 성과를 낼 수 있다. 누가 시킨 일, 억지로 하는 일이 성과가 될 수 없다. 누가 시킨 일도 아닌데 나는 자진해서 했고 새벽부터 전단지를 돌렸다. 힘들다기보다 그 어느 때보다 기뻤다. 누가 시켜서 했다면 절대로 새벽에 일어나는 일은 없었을 것이고, 희열을 느낄 일도 없었을 것이다.

직장생활에서 활력을 얻으려면, 남이 시키는 일에 파묻혀서는 안 된다. 하고 싶은 일을 찾으려고 노력해야 하고, 자기 생각을 일에 반영할 줄 알아야 한다. 이것이 진짜 직장생활이다. 나는 늘 '나'를 주어로 두고 살았으며, 그로부터 성공을 이야기할 수 있었다.

실적보다는 진정성이 중요하다

즐겁게 일하는 방법

• 모든 일을 꼭 '실적'과 연관시키려는 사람들이 있다. 자신만의 실적을 만들려는 생각을 하는 것이다. 왜 그렇게들 생각하는지 모르는 바는 아니다. 직장인들이 희망의 근거로 삼을 만한 것들이 많지 않기 때문이다.

"직장인이 승진과 연봉 빼고 뭐 있어?"

직장인이라면 누구나 몇 번씩은 내뱉었던 말이고, 누가 이런 이야기를 했다면 대체로 고개를 끄덕였을 것이다. 실제로 직장인에게 승진과 연봉만큼 중요한 것은 없다. 큰 야심을 가지고 직장생활을 하는 사람이 아니더라도 때가 되면 진급을 바라고, 먹고사는 데 부족함 없는 급여를 원한다. 그래서 자꾸 실적, 실적 한다. 자신만의 실적을 쌓아서 남들보다 앞서 나가는 게 승진과 연봉을 챙기는 거의 유일한 방법이라고 생각하고 있다.

하지만 조직에서 자신만의 실적을 쌓기란 쉽지 않다. 조직은 한두 사람이 끌고 가는 것이 아니다. 개개인의 실적이 팀의 실적이 되고, 팀의 실적이 모여서 부서의 실적이 되고, 부서의 실적이 모여서 회사의 실적이 된다. 모든 게 조직적으로 움직이게 돼 있다. 자기 실적만 챙기려다 보면 팀워크가 깨지고, 결국 승진이나 연봉 인상은 요원한 일이 된다.

지금 이 순간에도 수많은 직장인들이 자신의 업무를 처리하느라 여념이 없을 것이다. 자기 팀에서 진행하고 있는 일들을 처리하고, 다음 사업을 기획하고, 타 팀과 병행해서 할 일도 있다. 그 많은 일에 파묻혀 살다 보면 자신이 하고 싶은 일을 찾거나 기획하기란 쉽지 않다. 혹시 찾았다 해도, 진행할 수 있다는 보장이 없다. 자신의 아이디어를 실현해주어야 할 팀장 역시 조직의 일에 파묻혀 있기 때문이다.

자신의 일을 찾아라!

자신이 하고 싶어도 업무로 진행되지 않으면 아무것도 아닌 일이 된다. 창의적인 일을 찾느라 들인 시간만 아깝게 느껴진다. 하지만 과연 그게 전부일까? 내 생각은 다르다. 실망할 필요가 없다. 능동적으로 일을 찾는 것은 그 자체로 의미가 있다. 직장생활에 활력이 생기고, 복잡하게만 보이던 회사 업무가 손에 잡히기 시작한다. 이것이 능동의 힘이다.

"일이 즐거운 사람이 어디 있습니까?"

물론 이렇게 반문하고 싶은 사람도 있을 것이다. 왜 아니겠는가? 대부분의 직장인들이 아침에 출근해 퇴근시간만 바라보며 일한다. 나도 잘 알고 있다. 그러나 장담하건대 능동적으로 움직이고 하고 싶은 일을 찾으면 직장생활이 달라진다.

오후 내내 퇴근시간을 기다리며 졸음을 참느라 애쓸 일이 없어진다. 직장 안에 있어도 시간 가는 줄 모른다. 당장 실적으로 이어지지 않아도 상관없다. 하고 싶은 일을 준비하다가 상사로부터 빈축을 사거나 관리부서가 제동을 걸어 넘어질 수도 있다. 그런데 일이 즐겁기 시작하면, 그런 경험도 실패로 느껴지기보다는 설득해나가야 할 대상으로 보일 뿐이다. 피겨여왕 김연아가 왜 김연아인가? 오랜 세월 셀 수 없이 엉덩방아를 찧었기 때문에 그렇게 멋진 회전 연기를 펼칠 수 있게 된 것이다.

즐겁게 일하는 사람은 쉽게 포기하지 않는다. 팀워크를 해치지 않으면서도 끝내 자신이 하고 싶은 일을 추진하고, 회사의 이익으로 이끌어낸다. 그런 사람이 성장한다. 실적도 결국 직장생활에 주어를 달고 하고 싶은 일을 즐겁게 하다 보면 따라오게 돼 있다. 승진과 고액연봉이 탐난다면 발상부터 이렇게 바꿀 일이다.

'진정으로 도전해야 승진한다!'

도서관에 답이 있다

책과 논문을 가까이하다

• 나에게는 오랜 습관이 있다. 책과 논문을 들여다보고 업무와 관련된 부분을 정리하는 습관이다. 외부 세미나에서 받은 자료도 예외는 아니다. 내 비서의 주요 업무 중 하나가 그 자료를 목록으로 만드는 일이었다. 제목, 저자, 출판사, 연도별로 쉽게 찾을 수 있도록 파일을 만들게 했다. 혹자는 묻는다.

"업무가 많아서 그날그날 일하기도 바쁜데 그런 걸 읽을 시간이 어디 있습니까?"

나는 반문한다.

"그럼 당신은 한 번 쓰고 버려지는 소모품이 되고 싶은가요?"

벌목꾼이 벌목을 할 때 쉬지 않고 톱질만 하는 것이 아니다.

틈틈이 톱날을 갈면서 나무를 잘 베게 만들고, 바쁘더라도 시간을 들여 어떻게 잘라야 더 효율적일지 고민한다. 직장인이 책과 논문을 들여다보는 것도 같은 이치다. 하루하루 일에 쫓기며 사는 사람은 필시 사고능력이 둔해진다. 반면 틈틈이 자료를 찾고 정리하는 사람은 사고능력이 향상돼 효율적이고 밀도 있게 일을 할 수 있다.

돌이켜 보면, '시드 컴퍼니Seed Company 발굴육성 사업'을 성공으로 이끈 것도 바로 이런 습관이 만들어낸 결과물이다. 사내 도서관에서 이런저런 논문을 뒤지다가 강철규 교수(전 공정거래위원장)의 논문을 찾아냈다. 내 고민에 대한 힌트가 담겨 있는 논문을 발견하면 야산에서 금맥을 발견한 것처럼 기쁘다. 강철규 교수 논문이 나에게 그랬다. 그 논문을 분석하면서 '어떻게 하면 내 업무에 적용할 수 있을까?'를 고민했다. 시드 컴퍼니 발굴육성 사업은 그렇게 만들어진 결과물이다.

어디 그뿐인가? 네트워크론도 업체에 대한 연민의 정에서 비롯되었지만, 구체화시킬 수 있었던 것은 도서관에서 찾은 SCM 관련 자료 덕분이었다. IBK연금보험이 설립된 지 2년 만에 흑자 전환을 이룬 것도 사우스웨스트항공사의 성공사례집을 읽으면서 아이디어가 구체화된 덕분이었다. 혼자 답을 찾으려 하지 말라. 도서관에 답이 있다.

나를 '주인'으로 이끈 인생의 책 5

1. 『일본전산 이야기』(김성호, 쌤앤파커스, 2009)

《월스트리트 저널》이 뽑은 세계에서 가장 존경받는 CEO 30인에 스티브 잡스, 빌 게이츠, 워런 버핏 등과 함께 나란히 이름을 올린 일본 기업가 나가모리 시게노부와 그가 창업해서 경영하고 있는 일본전산의 이야기다. 일본전산은 1973년 4명이 3평짜리 시골창고에서 시작해 계열사 140개, 직원 13만 명, 매출 8조 원의 기업으로 성장했다. 회사를 살리는 요소로 '스피드가 5할, 노력 3할, 능력 1할 5푼, 학력 3푼, 지명도 2푼'이라는 전략적 관점이 내 생각과 비슷해 감동을 받았다. IBK연금보험의 비전북을 만들 때 참고한 이야기다.

2. 『좋은 기업을 넘어 위대한 기업으로』(짐 콜린스, 김영사, 2002)

스탠퍼드 대학교에서 '명강의상'을 수상한 저자는 방대하고 치밀한 연구와 조사를 토대로 성공한 기업들의 특징을 설명한다. 그는 좋은 기업을 넘어 위대한 기업으로 가는 첫 번째로 방법으로 '5단계 리더십'을 들었다.
자신을 전면에 내세우거나 자신의 욕심을 채우기 위해서가 아니라, 조직을 위해서만 회사를 운영하는 리더십을 5단계 리더십이라고 정의한다. 반면에 능력은 있지만 조직보다는 자신의 욕심을 채우기 위해 더 많이 노력하는 리더를 4단계 리더라고 정의한다.
나는 5단계 리더가 되고 싶은 생각에 이 책을 3번 정도 읽었고, 큰 감동을 받았다. IBK연금보험 창업을 앞두고는 원서 『Good to Great』를 사서 사전을 찾아가며 읽었던 기억이 있다. 좋은 리더가 되어 위대한 기업을 만들고 싶은 분들께 강력히 추천한다. 면세점 입찰을 앞둔 이부진 사장이 직원들에게 "잘못되면 내 책임"이라며 직원들 부담을 덜어준 리더십을 보며 참 좋은 리더라고 생각했다. 잘되면 내 공, 잘못되면 직원 탓으로 돌리는 못난이들이 많은 세상이라 더 빛났다.

3. 『당신은 전략가입니까?』(신시아 A. 몽고메리, 리더스북, 2013)

저자는 경영전략 분야의 세계적 석학이며 하버드 경영대학원의 명교수다. 전략이 조직의 최상층부의 역할에서 전문가의 기능으로 강등되고만 현실을 비판하며 직원들이 아무리 열심히 일해도, 기업문화가 아무리 훌륭해도, 회사제품이 아무리 훌륭해도 기업의 전략을 제대로 세우지 못하면 회사는 위험에 처할 수 있다고 주장한다. '리더가 되고 싶으면 전략가가 되라'는 저자의 충고는 이 시대 CEO 지위를 누리는 데 바쁜 이들이 되새김질해야 하는 주문이 아닐까 생각한다. 컨설팅 회사나 직원들에게 전략 수립을 맡기는 CEO는 이미 CEO가 아니다.

4. 『왜 일하는가?』(이나모리 가즈오, 서돌, 2010)

저자는 일본에서 가장 존경받는 3대 기업가이자 살아 있는 '경영의 신'이다. 교세라 창업자로, 최근에는 망해가는 JAL을 회생시켰으며, 일본의 존경받는 기업가다. 육종학자 우장춘 박사의 사위이기도 해서 한국인들에게 한층 더 친근한 일본인이기도 하다.

그는 "먹고살기 위해서 일하는 것이 아니고 내면을 키우기 위해 일한다"고 이야기한다. 이렇게 말만 하고 행동하지 않았다면 누가 그를 존경하겠는가? 그의 삶을 들여다 보면 그 이야기가 진실임을 알 수 있다.

그는 가고시마 대학을 나와 지역의 변변찮은 중소기업에서 '펠라이트'라는 물질을 세계에서 두 번째로 개발해냈다. 그의 열정과 끈기를 닮고 싶은 마음에서 그가 쓴 책들은 거의 다 읽으며 경영에 적용해보기 위해 애썼다. 지금도 마찬가지다.

5. 『마케팅 전쟁』(엘리스, 잭 트라우트 공저, 비즈니스북스, 2006)

경영컨설턴트인 두 저자는 군더더기 없이 간단명료하게 마케팅 이론을 전개한다. 부담 없이 실전에 활용할 수 있는 내용들이 담겼다. 회사의 규모나 업계 순위에 따라서 방어전, 공격전, 측면 공격전, 게릴라 전법 등을 구사해야 전쟁에서 승리할 수 있다는 마케팅 전략의 4가지 유형은 IBK연금보험의 전략을 만들 때 참으로 유용하게 적용할 수 있었다.
저자들의 이론대로 IBK연금보험은 게릴라 전법을 구사해서 작지 않은 성공을 거뒀다고 말할 수 있다. 바보는 경험을 통해 배우고 현자는 역사를 통해 배운다는 말이 맞다. 마케팅 전쟁사들을 읽어보면 몸집이나 업계 순위를 무시하고 마케팅 전쟁을 수행하다 망한 기업을 많이 찾아볼 수 있다. 지금 이 순간에도 마케팅 역사를 모르고 덤비다가 망해가는 기업들이 새 역사를 쓰고 있다.

그곳이 어디든 희망의 씨앗을 심어라

성공하는 직장인의 자세

• 隨處作主(수처작주)
立處皆眞(입처개진)

당나라 의현(義玄) 선사의 언행을 기록한 『임제록(臨濟錄)』에 이런 글귀가 나온다. '가는 곳마다 스스로 주인이 되고, 서 있는 곳이 모두 진리의 자리'라는 뜻이다. 원래 선승의 법어란 것이 심오한지라 범인이 함부로 들먹이기 조심스럽다. 그러나 그 알쏭달쏭한 말에 약간의 직관을 보태 오늘날 직장생활을 들여다 보면 고개가 끄덕여지는 부분이 있다. 무릇 깨달음이란 우리네 삶과 동떨어져 있지 않은 것이다.

사실 직장인에게 '주인이 되라'는 말은 그리 와 닿지 않을 수 있다. 직장인은 기본적으로 '월급'을 받고 회사에 다니는 사람들이다. 죽어라 일한다면 인센티브 정도는 더 받을 수 있겠지만, 월급에서 크게 벗어나지 않는다. 오히려 높은 사람의 비위를 맞추고 시키는 일이나 처리하는 게 신상에 이로워 보일 수도 있다. 실제로 많은 샐러리맨들이 이런 생각을 가지고 있다. 그러나 CEO들은 틈만 나면 '주인의식'을 강조한다. 아주 귀에 못이 박일 지경이다. CEO들이 너무 자주 들먹이다 보니 주인의식이라는 것도 그 자리에 있으면 으레 쓰는 수사(修辭) 정도로 여겨진다. 이리저리 치이기 일쑤인 월급쟁이에게 주인의식은 자신과 상관없는 이야기처럼 들린다.

"직장은 전쟁터이지만, 그만두면 지옥이다!"

요즘 직장인들이 신세를 한탄하며 내뱉는 말이다. 그렇다고 탓할 수도 없다. 틀린 이야기가 아니기 때문이다. 우리나라 직장인의 근무시간은 OECD 국가 가운데 두 번째로 길다. 아침 일찍 출근해서 밤늦게 퇴근하는 것은 기본이다. 소중한 주말도 회사에 반납하기 일쑤다. 청춘남녀가 연애할 시간도 없다. 그나마 미혼일 때는 '언제고 다른 직장을 가질 수 있다'는 생각에 스트레스가 상대적으로 적다. 그러나 결혼을 하고 부양할 가족이 생기면 상황이 달라진다. 회사에 얽매이게 된다. 부당한 대우를 받고 스트레스에 시달려도 안간힘을 쓰며 다닌다. 하루에도 몇 번씩 사표를 쓰고 싶지만 그럴 수 없다. 회사를 그만두면 엄청나게 고생한다는 이야기가 들리기 때문이다. 자칫 빈곤의 나락으로 떨어질 수도 있다. 힘들지만 다녀야 한다. 어쩔 수 없다. 이게 현실이다. 이런 상황에서 직장인에게 주인의식을 가지라고 하는 것은 무리다. 먹고살기 위해서 회사에 충성하고 있을 뿐이니까.

그렇다고 그냥 그렇게 살아야 하는가? 너무 수동적이다. 현실이 아무리 퍽퍽하더라도 '변화'의 노력은 필요하다. 왜냐하면 수십 년 지속해야 하는 직장생활을 계속 어중간한 상태로 다닐 수는 없기 때문이다. 발상의 전환이 필요하다. 거창하게 회사를 주인처럼 아끼라고 말하지는 않겠다. 그렇다면 이건 어떤가?

'자신의 인생에서 주인으로 살라!'

퇴직한 직장인들이 회사를 다닐 때는 의식하지 못하다가 그만두고 나서야 후회하는 게 이 대목이다. 나중에 후회할 바에야 지금 생각을 바꾸는 게 본인에게 훨씬 도움이 된다. 생각을 바꾸면 삶이 달라진다. 스스로 인생의 주인이 되는 사람은 서 있는 자리에 구애받지 않는다. 직장생활이 아무리 고달파도 자신의 존재 이유를 찾고 의미를 일궈나간다. 그곳이 전쟁터이든 지옥이든 희망의 씨앗을 심는다. 자신의 인생이기 때문이다.

"드디어 우리는 갈증을 경험했다. 그래서 오늘에야 비로소 깨닫게 된다. 우리가 익히 알던 그 우물이 광활한 공간에서 빛나고 있음을. 사하라 사막은 우리의 내면에서 제 모습을 드러낸다."

생텍쥐페리는 소설 『인간의 대지』에서 세상을 사막에 비유했다. 사막이 삭막하게 느껴지는 건 떠돌이 나그네에게 사막은 자신을 드러내지 않기 때문이다. 사막의 진정한 속살은 스스로 주인이 되는 사람에게만 보인다. 인식하는 삶이라야 원하는 것이 무엇인지 알고 광활한 사막에서 우물을 찾을 수 있다. 직장생활도 다르지 않다. 타인의 잣대에 휘둘릴 게 아니라 자기 자신이 중심을 잡고 세상을 자기 앞에 가지고 와야 한다. 왜냐하면 언제 어디에 있든지 내가 일하는 시간은 바로 '내 인생'이기 때문이다. 그러면 상황이 180도 바뀐다.

직장에 있든, 사업을 하든, 프리랜서로 일하든 간에 우리가 일하는 시간은 우리 인생의 일부분이다. 인생을 낭비하고 싶은가?

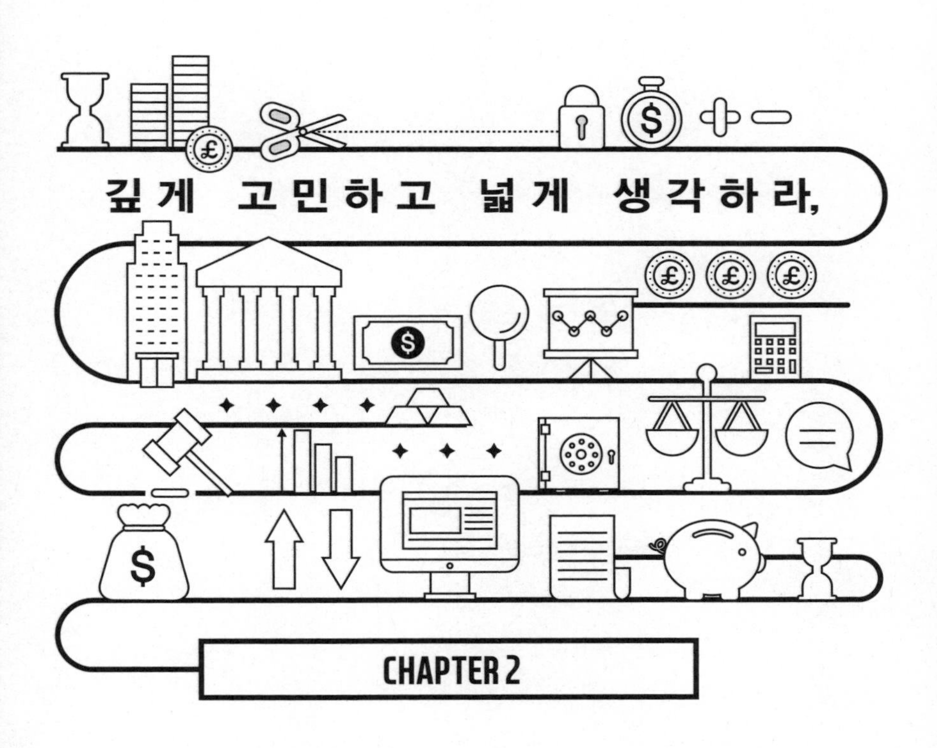

확장형 사고

'종'의 근성을 가진 사람들은 늘 폐쇄적인 사고를 한다. 예를 들면 이렇다.
'우리 부서 일이 아닌데 내가 관여할 필요가 있을까?'
'그건 제조업 이야기지, 금융기관은 다르다.'
'다 몰라서 하는 소리다.'
대개 이런 생각을 가진 사람 중에서 성공한 사람은 드물다. 만일 이런 사람들이 득세한 조직이 있다면, 그 회사는 결국 망한다. 그리고 이런 사람들은 회사가 망하기 전까지 별로 동요하지 않는다. 회사가 망한다는 것은 결국 자기가 망하는 것과 같음에도 불구하고 별생각이 없다. '종'으로 사는 사람들이다.
기업은행에 30년간 재직하면서 수많은 워크숍과 세미나에 참석했지만 단 하나도 건성으로 참여하지 않았다. 늘 배우고 싶었기 때문이다. 솔직히 말하면 금융기관에서 진행한 워크숍보다 제조업이나 다른 서비스 기업에서 진행한 워크숍에서 배운 게 훨씬 많다. 그들은 산업의 첨단에서 이루어지는 내용들을 많이 가지고 왔다.
정말 사회에서 성공하고 싶다면, 분야를 가리지 말고 교류하고 배우고 익혀야 한다. 나와 상관이 없는 지식이라도 언제고 써먹을 데가 있다. 예전 어른들이 "배워두면 다 써먹을 데가 있으니 노 젓는 방법이라도 익히라"고 하지 않았던가? 설사 그 지식이 전혀 필요치 않더라도 다른 분야 지식을 가지려 노력하다 보면 '열린 사고'를 할 수 있는 능력이 생긴다.
우리나라 최초로 연금 단종만 가지고 보험사를 신설하면서 참 고민이 많았다. 연금은 보험 상품 중 마진이 제일 박한 상품이다. 여러 상품을 가지고 있는 것도 아니고, '100% 저마진 상품을 팔면서 어떻게 이익을 낼 수 있을 것인가?' 참 풀기 어려운 숙제였다. 참고할 만한 사례가 없는지 끊임없이 찾아봤다. 보험 산업을 통틀어도 벤치마킹 대상으로 삼을 만한 사례가 없었다. 특히 연금 단종 보험사는 2008년 금융위기를 겪으면서 큰 위기를 겪고 있었다. 사이즈가 다르고 비즈니스 모델이 다른데, 종합보험사들을 벤치마킹한들 무슨 소용이 있겠는가?

그래서 범위를 확장했다. 다른 분야에서 모범이 될 만한 기업을 찾기로 한 것이다. 그러던 중 미국의 항공사 '사우스웨스트항공'의 경영법을 알게 됐다. 보험사와 무관한, 그것도 한국이 아니라 미국에 있는 회사. 닫힌 사고를 가지고 있는 사람들은 '한국과 미국은 상황이 다르다' '항공사는 보험사와 무관하다'고 반론을 제기할 것이다. 그러나 앞서 말한 바와 같이 배우고 받아들이는 데 경계가 있어서는 안 된다. 우리는 사우스웨스트항공을 롤 모델로 삼고 벤치마킹한 결과, 역사적인 성과를 이루었다. 보통 11년이 걸리는 흑자 전환 기간을 1년 반으로 줄이는 쾌거를 이룩한 것이다.

확장형 사고, 열린 생각으로 성과를 이룬 예는 그 외에도 많다. 물류비용에 관한 보고서를 접한 뒤 '공급망 관리SCM, Supply Chain Management'에 눈을 뜨게 되었고, 그것이 네트워크론과 메디컬 네트워크론의 개발로 이어졌으며, 국민건강보험공단 자금관리은행과 주거래은행이 되는 현격한 성과까지 얻었다. 한국 소니의 전략적 문제해결 프로그램인 SSPS Sony Strategic Problem Solution를 받아들여 창구 대기시간 문제를 해결한 것도 빼놓을 수 없다. 금융기관 안에서만 사고하고 문제를 풀려 했다면 절대로 이룰 수 없는 성과들이다.

진정으로 일하고 싶은가? 일을 하고 싶으면 분야를 나누지 말라. 분야를 넘고 산업을 넘어서야 한다. 시대가 변하고 있다. 융합이 고객의 부가가치를 늘리는 첩경이다. 그것이 창조경제요, 창조금융인 것이다. 방법은 하나다. '확장형 사고'를 실천하라.

확장형 사고는 협업으로 완성하라

협업으로 개선한 점포 설계

• 시대마다 시대정신이 있고, 그 시대정신은 사회 곳곳에 영향을 미친다. 이것도 일종의 트렌드다. 지금의 시대정신은 '창조'다. 굳이 창조경제라는 단어를 쓰지 않더라도, 창의성, 창의적 인간, 창의적 발상 등 어디를 가도 '창의성'을 원한다. 직장생활도 마찬가지다. 기업이 정해놓은 인재상 안에 창의라는 단어가 들어가지 않는 기업이 거의 없을 정도다. 그렇다면, 도대체 창조라는 것, 창의성은 무엇이고 어떻게 생기는 것일까? 다음 방정식을 유심히 살펴보라.

인생과 직장에서 성과 = 사고방식 × 열정 × 능력

일본 기업 '교세라'와 'JAL'의 회장이었던 이나모리 가즈오의 성공 방정식이다. 사회생활을 하는 사람이라면 한번쯤 음미해볼 가치가 있다. 나는 이 방정식을 접하자마자 신봉자가 되었다. 평소 생각해오던 것과 꼭 맞아떨어졌기 때문이다. 사고방식, 열정, 능력, 이 세 가지 변수는 모두 중요하다. 일을 잘하려면 열정과 능력이 필수다. 그건 누구나 알고 있는 사실이다. 반면 사고방식은 간과하기 쉽다. 하지만 그 무엇보다 중요한 것이 사고방식이라는 사실을 잊어서는 안 된다.

사고방식이 '0'이면 열정과 능력이 높아도 결과는 0이다.

심지어 사고방식이 '마이너스'일 경우도 있는데, 이럴 때는 도리어 엉뚱한 결과를 초래할 수 있다. 퇴보적 사고방식을 가지고 있다면, 오히려 열정과 능력이 폐가 될 수 있다는 말이다. 이미 일을 하고 있는 사람이라면 열정과 능력이 0이나 마이너스가 되기는 쉽지 않다. 그러나 사고방식은 가능하다. 그렇다면 어떤 사고방식이 노력보다 더 큰 성과를 얻고, 성과보다 더 나은 대우를 받는 결과를 낳을 수 있을까? 나는 그 대답으로 확장형 사고를 든다.

창조는 디테일에서 출발해 융합으로 완성된다

이제 하나의 분야만을 파고들어 성공하는 시대는 지났다. 시대의 결과물이라는 스마트폰을 보라. 첨단 IT기술을 바탕으로 게임, 쇼핑, 엔터테인먼트, 교육이 한데 어우러져 우리의 삶을 바꾸고 있다. 과학과 인문, 기술과 예술이 만나 이 세상을 더 나은 곳으로 만든다. '휴대폰은 전화기'라는 사고에만 머물러 있었다면 스마트폰은 태어날 수 없었을 것이다.

시대가 원하는 인재상에도 확장형 사고가 빠지지 않는다. 고객의 소비성향이 변하는 것을 늘 주시해야 하는 오너는 확장형 사고를 할 수밖에 없다. 고객의 욕구는 늘 변하고 소비성향도 달라지기 때문이다. 고객을 중심에 두면, 당연히 확장형 사고를 할 수밖에 없는 것이다. 늘 세상의 변화에 관심을 가지고 있어야 하며, 늘 공부하는 자세를 갖추고 있어야 한다. 경험이 적어서 모르는 분야를 만나면 그 사실을 인정하고 사고의 폭을 넓히기 위해 노력하는 사람이 되어야 한다. 직접적인 관련이 없는 분야라도 자신의 분야와 연관성을 찾아내고, 부단히 사고를 확장시킬 줄 알아야 한다. 그러다 보면 자신도 모르게 시대의 주역이 될 수 있다.

확장형 사고를 현실에서 구현하기 위해서는 협업 능력이 필요하다. 은행 점포에 고객 대기시간 문제가 발생해 그 원인을 찾아보니, 점포의 레이아웃이 산업공학적으로 문제가 있었다. 사무기기나 금고 등의 위치를 동선을 고려해 효율적으로 배치해야 했는데 그렇지 않았던 것이다.

점포의 레이아웃 초기 단계부터 기획부서 직원과 레이아웃 공사를 담당하는 부서 직원, 영업점에서 직접 일을 하는 창구 직원이 같이 만나 무엇이 불편한지, 원인은 무엇인지, 어떻게 레이아웃을 짤 것인지를 두고 같이 이야기해야 한다. 그러나 각 부서별로 업무를 나누는 데에만 익숙하다 보니 사업을 진행하는 데 여러 가지 문제가 발생할 수 있다. 협업 개념이 약해서 생기는 문제들이다.

보통 은행의 점포 설계는 본사의 점포전략부에서 기획안을 내놓는다. 그러나 시공업체 선정은 총무부 소관이다. 총무부에서 점포전략부의 기획안을 참고하기는 하지만 현실적인 문제들을 고려해야 한다. 시공업체 발주는 다른 문제다. 시공업체에 원래의 취지가 전달되기는 어렵다. 결국 시공업체는 늘 해오던 대로 점포의 레이아웃을 짜고 인테리어에 들어간다. 개선의 여지가 없다.

기획하는 사람 따로, 발주하는 사람 따로, 인테리어하는 사람 따로, 이런 식으로 일해서는 고객을 만족시키는 아이디어가 나오기 힘들다. 점포전략부, 총무부, 시공업체가 산업공학 전문가의 조언을 받으며 처음부터 함께 설계하고 시공해야 한다. 이것이 '협업'이다. 실제 업무를 처리하는 일선 점포의 창구직원들도 점포 설계에 참여해야 한다. 고객에게 실제 서비스를 제공하는 당사자는 바로 그들이기 때문이다. 그들이 편리하게 느껴야 고객 대기시간도 줄어들고 만족도가 올라간다.

실무를 해야 하는 입장에서는 이렇게 반론을 제기할 수도 있겠다. '자잘한 개선사항까지 일일이 협업을 하는 게 가능한가?' 그러나 문제는 이런 생각들이다. 애초에 안 될 거라는 생각 때문에 늘 하던 대로 일하는 것이다. 협업의 마음만 가지고 있다면 어떤 일이든 대처할 수 있다. 이 경우, 각 부서 담당자들이 모여서 건물 형태별로 미리 모듈을 만드는 것도 좋은 방법이다. 직사각형, 정사각형, 마름모꼴일 때 각각 설계를 어떻게 할지 모범 답안을 준비하는 것이다. 일회적인 작업에 그치지 않고 연속성 있는 성과까지 남기는 게 바로 진정한 협업이다.

21세기는 창조의 시대다. 창조는 디테일에서 출발해 융합으로 완성된다. 그러려면 나에게서 출발해 세계를 향하고, 마침내 세계를 내 안에서 실현하는 확장형 사고가 바탕이 되어야 한다.

지금 이 순간, 책 한 페이지, 신문 한 줄이라도 더 읽어야 하는 이유는 더 설명하면 입만 아프다.

좋은 아이디어는 평범한 일상 속에 있다

폐쇄형 사고를 확장형 사고로 바꾸는 법

• 창구 대기시간 단축을 위해, 수색지점에서 창구 직원들과 부대끼며 디테일한 실무를 익혔다. 또 기존의 문제 해결 솔루션에 새로운 IT기술을 융합해 문제를 해결해나갔다. 창조는 이처럼 디테일에서 출발해 융합으로 완성되는 사고의 확장을 통해 새로운 것을 만든다. 말하자면, 현장 지식을 얻기 위한 노력이 필요하고, 새로운 기술을 찾아낼 안목이 필요하며, 두 가지를 융합시킬 결단력과 실천력이 있어야 한다. 이 모든 것을 가능하게 만드는 게 바로 '확장형 사고'이다.

'창조'라는 단어를 신(神)의 능력을 표현할 때 사용하다 보니 참으로 거대해 보이지만, 실제로 경험해보면 생각처럼 거창한 게 아니다.

삶의 디테일 속에 창조의 불씨가 있다.

창조를 이루는 디테일은 밥 먹을 때, 출근할 때, 일할 때, 사람을 만날 때, 잠자리에 들 때에도 우리 곁에 있다. 단지 우리의 타성에 젖은 눈 때문에 의식하지 못하고 있을 뿐이다.

당나라 때 이발(李渤)이라는 유명한 학자가 있었다. 이발은 책을 만 권이나 읽은 것으로 유명했다. 그래서 사람들은 그를 일컬어 이발이라는 이름 대신 이만권(李萬卷)이라고 부르기도 했다. 한번은 이발이 책을 읽다가 궁금한 대목이 있어서 어느 절에 있는 고승을 찾아갔다.

"불경을 보니 '수미산이 겨자씨 속에 들어갈 수 있다'는 설법이 나오는데 그것이 무슨 뜻입니까?"

그러자, 고승이 답했다.

"사람들이 그대더러 이만권이라고 부르지 않나? 그대는 어떻게 그 많은 책을 그 작은 머리에 넣었는가?"

그 순간 이발은 마음이 확 트이는 것을 느꼈다. 이발의 고사처럼 창조의 신세계도 우리의 머리에, 가슴에 이미 들어와 있다. 생활 속의 사소한 경험들이 실은 창조의 재료인 것이다. 그래서 누가 내게 창의적인 사업의 비결을 묻는다면, 나는 이렇게 이야기하고 싶다.

"창의적인 아이디어는 고개만 돌리면 지천에 널려 있습니다."

구슬이 서 말이라도 꿰어야 보배이듯, 재료가 있다고 저절로 새로운 것이 창조되는 것은 아니다. 그걸 꿰는 것이 생각이요, 발상이다. 생각을 확장하고, 발상을 뒤집을 줄 알아야 창조의 작은 불씨를 발견하고 살릴 수 있다. 생활 속 창조의 재료로 밥도 짓고 국도 끓일 수 있는 것이다.

이미 폐쇄형으로 굳어진 사고를 확장형으로 바꾸는 일은 쉽지 않다. 그러나 노력하고 훈련하면 바꿀 수 있다. 나 역시 스스로 일깨우는 훈련을 통해 사고방식을 계속 바꾸었다. 평소에 무심코 지나치던 것들을 주의 깊게 관찰하고 의미를 부여하는 습관을 들였다. 책 한 권, 논문 한 편, 신문 한 줄을 의미 있게 읽었다. 그게 큰 도움이 됐다. 김춘수의 시 「꽃」을 떠올리면 이해가 쉽다.

내가 그의 이름을 불러주기 전에는
그는 다만
하나의 몸짓에 지나지 않았다

내가 그의 이름을 불러주었을 때
그는 나에게로 와서
꽃이 되었다

우리는 모두 누군가의 무엇이 되고 싶어 한다. 사람은 누구나 사회에서 인정받는 존재가 되고 싶다. 창조정신도 마찬가지라고 생각했다. 내 안에 머물러 있을 때는 그저 답답한 생각일 뿐이지만, 밖으로 나오면 사업이 되고 공공의 결과물이 될 수 있다고 생각했다. 좋은 생각이 가능성에만 머물러 있는 것은 슬픈 일이다. 자신을 위해서라도 꼼꼼히 관찰하고 의미를 부여하는 노력을 기울이고 싶지 않은가?

규모가 아닌 비전을 키워라

IBK연금보험의 게릴라 경영

• 기업은 설립 이후 가장 빠른 시일 내에 흑자를 내야 한다. 이건 신생 기업의 지상과제다. 흑자를 내야 재투자를 통해 고객가치도 높이고 재무가치도 높일 수 있다. 그래야 선순환 구조가 갖추어진다. 한때 국내 서점가 베스트셀러였던 『일본전산 이야기』의 모델이 된 '일본전산'이 '우선 흑자, 이후(以後) 영업 확대'를 통해 성공한 대표적인 기업이다.

2010년 문을 연 IBK연금보험은 그 당시 막 설립된 신생회사였다. 그 상황에서 흑자를 내야 했다. 보통 어려운 문제가 아니었다. 우리에게는 '롤 모델'이 필요했다. 이런저런 회사를 찾다가 발견한 게 미국의 저가 항공사 '사우스웨스트항공Southwest AirLines'이었다.

이 회사는 참으로 심플했고, 역동적이었다. 모든 게 콤팩트했다. 좌석 배정이 없고(들어오는 대로 타고), 기내식도 없으며, 인터넷 예약도 없다. 형식적인 게 없다. 항공료 입금증이 비행기표가 되고, 일손이 부족하면 기장도 하역하고 청소했다. 비행기가 공항에 도착해서 기수를 돌리는 시간이 20분으로 타 항공사의 반 정도다.

경비절감을 위해 운항하는 비행기도 보잉737, 단일 기종만 도입했다. 단일 기종이 가져온 효율성은 컸다. 조종사가 조종경험이 없어 운항이 어렵다거나, 수리기사가 보잉747을 수리할 수 없다는 등의 제약이 없으니 관리비용을 줄일 수 있었다. 그러다 보니, 1인당 생산성이 타 항공사의 2배나 됐다. 모든 직원들이 한꺼번에 달려들어 처리한 결과다. 다른 항공사가 국제선 취항에 나선다고 해도 따라하지 않았다. 저가 항공사로 출발해 국내선에서 성공했다가, 국제선 취항한다고 폼 잡고 망한 항공사들이 얼마나 많은가.

사우스웨스트항공이 이렇게 노력하는 이유는 단 한 가지, 흑자경영을 위해서다. 비행기는 일단 공항에 있으면 비용이고, 하늘에 떠 있어야 돈을 번다. 그 상식을 그대로 실천에 옮긴 것이다. 사우스웨스트항공이 성공한 이유는 항공료가 저렴하다는 것 말고 또 있다. 늘 분주하게 움직이지만 사고율은 제일 낮다. 상품성이 좋지 않으면, 저렴해도 외면당한다.

내가 신설하고 초대 사장으로 있었던 IBK연금보험의 비전북 내용은 사우스웨스트항공을 벤치마킹해 만들어진 것이다. 직원을 소수정예요원으로 구성하고, 누구도 만들어내지 못했던 위험보장 0%의 보험 상품을 만들고, 기업 현장에서 상품세미나를 개최하고, 큰일이 있으면 팀 구분 없이 전 직원이 동원되어 일했다. 임원 비서를 두지 않고, 지원본부 임원에게 기사를 배치하지 않으며, 사무실에 그림 하나 걸어두지 않았다.

이러한 경영방식은 매출은 최대화하고, 비용은 최소화해야 한다는 사우스웨스트항공의 경영방식을 따른 것이다.

굳이 다른 용어로 표시한다면 '게릴라전 경영'이다.

규모가 작아서 관심은 두지 않았지만 가끔씩 히트작을 만들고 쏠쏠하게 성과를 내는 기업이 되고 싶었던 것이다. 규모는 작은데 순이익 규모는 3~4위 정도이며, 시장가치는 동종업계 1위가 바로 사우스웨스트항공이다. IBK연금보험은 그런 기업을 지향했고 그렇게 되어가고 있다.

우리나라 언론에서 금융의 삼성전자가 없다고 한탄하면서 그 대안으로 해외로 진출해서 볼륨을 키워야 한다는 이야기를 많이 한다. 그러나 사우스웨스트항공에는 국제선이 없고, 미국 웰스파고Wells Fargo은행의 해외사업 비중은 10%도 안 된다. 모든 기업은 그 기업의 특성에 맞게 각자 다른 길을 가야 기업생태계가 건전해지고, 국가경제도 튼튼해지는 법이다.

웰스파고은행에서 배우라!

〈조선비즈〉(2014년 5월 8일자)에서 '최악 성적 한국 은행들, 미 웰스파고에서 배워라'라는 보도를 낸 적이 있다. 당시 웰스파고은행은 2013년 하반기부터 중국 공상은행, 미국 JP모건체이스를 제치고 글로벌 은행 가운데 시가총액 1위(2,613억 달러)를 달리고 있었다. 기사에서 내세운 '웰스파고은행의 배울 점'은 다음과 같았다.

1. 맞춤형 고객 관리로 고객 1인당 6개 이상 금융 상품을 판매한다.
- 철저한 고객관리를 통해 그 고객에게 어떤 금융 상품이 필요한지 먼저 파악한다.

2. 일요일에도 영업한다. 고객을 3분 이상 기다리게 한 직원에게는 벌점을 준다.
- 고객만족은 물론 차별화되고 창의적인 서비스가 필요하다.

3. 경쟁 은행이 모두 하는 것은 안 한다.
- '쏠림 현상'에 휘둘리지 않고 뚝심 있게 자기 색깔을 유지한다.

4. 내부 인사 출신이 CEO를 맡는다.
- 전략의 일관성을 유지하고, 조직원의 충성도를 높인다.

고객의 니즈는 수시로 변한다

확장형 사고가 필요한 이유

• 국내 중소기업이 은행에 바라는 1순위 니즈는 고정되어 있는 것이 아니다. 시대별로 다르다. 기업은행 경제연구소 조사 자료에 따르면 중소기업 경영상의 애로 사항 중 자금조달이 차지하는 비중이 1997년도 4분기에는 48.3%에 달했다. 내수 부진과 원자재 가격 상승 등과 함께 당시 자금조달이 가장 큰 문제였다. 이후 점차 그 비율이 줄어들어 2014년도 3분기에는 13.5%에 불과했다. 요즈음 웬만한 기업에서는 자금조달이 문제라고 생각하지 않는 것이다. 앞으로도 이 비율은 점차 줄어들 것이다.

은행이니까 '자금지원'만 하면 된다고 생각한다면, 은행의 역할은 점차 줄어들 수밖에 없다. 일본 미즈호 종합연구소가

2012년도에 조사한 바에 따르면 금융기관에게 받고 싶은 서비스 1위는 판매처 소개였다. 그런데 금융기관에서 받고 있는 서비스 1위는 경영세미나(31.2%)였다. 고객이 가장 필요로 하는 것은 따로 있는데, 엉뚱한 분야에서 열심을 다하는 셈이다. 그래도 일본 은행들은 비즈니스 매칭을 사업으로 추진하고 있으니 그나마 다행이지만, 국내 은행들은 아직 시작도 하지 않았다. 국내 은행들이 경영 환경 변화에 그만큼 둔감하기 때문이다. 환경의 변화를 따라가지 못하는 지구상의 모든 개체나 조직은 생존할 수 없다는 생물학적, 조직학적 진실을 빨리 깨달아야 한다.

다시 일본 자료를 살펴보면 금융기관에게 받고 싶은 서비스 2위는 신사업분야의 시장정보 제공(23.5%), 3위는 조달업체 소개(22.1%), 4위는 재무 · 경영 상담(19.5%), 5위는 사업승계 상담(15.1%) 등으로 나타났다. 이런 니즈는 전통적인 은행이 채워줄 수 없는 분야다. 따라서 은행도 이런 분야의 지식을 갖춰야 하고, 그러기 위해 확장형 사고가 필요한 것이다.

기업이 존재하는 한 금융 니즈는 계속 존재한다. 그러나 순수한 금융 니즈 비중이 날로 줄어들고, 다른 니즈가 계속 커진다면 어떻게 할까? 커져가는 니즈를 충족시키기 위한 비금융 서비스와 금융 니즈를 결합해 패키지를 만들어야 할 것이다. '은행은 예금 받고 대출해주는 곳'이라는 고정형 사고방식을 버리고, 고객의 성향이 바뀌는 대로 적응하고 오히려 니즈를 선도하는 확장형 사고로 무장할 필요가 있다.

고객중심사고,
그 안에 답이 있다

SCM 사업의 시작

• 나는 기업은행에 적을 둔 30년이란 시간 내내 중소기업에 관심을 가졌다. 중소기업이 가장 고민하는 문제가 무엇인지, 기업은행에서 할 수 있는 일이 무엇인지 생각했다. 고객중심사고(顧客中心思考), 이것이 기업은행이 살길이라고 생각한 것이다. 다른 사람들이 어떻게 생각을 하든지, 내가 하는 일에 있어서 기업은행 주인은 '나'라는 생각으로 생활했다.

어느 날 자료를 보다가 우리나라의 매출액 대비 물류비 비율이 일본이나 미국에 비해 2배 정도 높다는 것을 알게 됐다. 미국이나 일본이 6~7%인 데 반해 우리나라는 12%가 넘는다는 내용의 보고서였다. 우리나라 중소기업의 매출액 대비 당기순이익률이 5%가 채 안 된다는 점을 감안하면, 우리나라

기업들은 물류비 부담을 엄청나게 안고 있다는 이야기가 된다. 물류비가 무엇인가? 물건 보관비와 운송비를 합친 비용이다. 이래서는 우리가 선진국과 경쟁할 수 없다. 참으로 한심하다는 생각이 들었다. 그래서 'SCM(Supply Chain Management, 공급망 관리)' 사업을 해보자는 결심을 하게 되었다.

SCM 사업은 내가 기업마케팅부 부장으로 일할 때 만든 사업이다. 네트워크론만큼 세상에 센세이션을 일으킨 것은 아니지만, 그 의미만 보자면 네트워크론에 결코 뒤지지 않는다. 단지 미디어의 조명을 덜 받았을 뿐이다. 네트워크론이 기업간 거래의 숨통을 트이게 해준 상품이라면, SCM 사업은 기업 내부에 산소를 공급해준 상품이라고 말할 수 있다.

비유하자면 이렇다. 어느 집이든 욕실에 비누가 쌓여 있다. 그런데 우리는 특별한 이유 없이 때가 되면 마트에서 비누를 사고 욕실 안에 계속 쌓아둔다. 어쩌다 욕실 벽장을 열어보면 아주 오래된 비누가 있다는 사실을 알게 된다. 비누라는 물건을 사용하는 측면에서 보나, 공간 활용 측면에서 보나 비효율적인 소비행태다. 비누는 바로 기업에 쌓인 '재고'다. 재고는 귀한 재화이지만 돈벌이에 보탬이 안 되는 'Idle Money(놀고 있는 돈)'인 것이다.

돈을 쓰는 것만 낭비가 아니다. 재고를 필요 이상으로 쌓아

두거나, 자금을 활용하지 못하는 것도 낭비다. 재고 관리를 잘 못하는 기업은 끔찍하게 낭비를 하고 있는 셈이다. 더 큰 문제는, 그럼에도 불구하고 우리 사회가 그 심각성을 모르고 있다는 점이었다.

중소기업의 새는 돈을 잡아라!

답답한 마음에 산업자원부 ERP 담당이었던 김 과장을 찾아갔다. 당연히 중소기업의 '물류비 낭비'에 대한 이야기를 나누기 위해서였다. 김 과장도 물류비 낭비에 대해 심각하게 인식하고 있었다. 단지 그 해결책을 찾지 못하고 있었다.

"과장님 그동안 ERP 시스템 도입에 막대한 예산을 쓰셨는데 ERP 도입 기업 중 몇 %가 성공적으로 활용하고 있다고 보십니까?"

"높지 않아요."

산업자원부 담당자도 높지 않다고 시인했다. 사장 한 사람이 전방위 경영을 하는 우리 중소기업 현실상 관리 체계가 제대로 잡혀 있는 곳은 많지 않다. 관리 체계가 잡혀 있지 않은데 어떻게 ERP를 도입해서 성공시킬 수 있겠는가? 이것은 마치 자갈길을 깎고 다듬고 다진 후에 아스콘을 깔아 포장도로를 만들어야 하는데 자갈길에 그냥 아스콘을 깐 셈이다.

"어느 기업이든지 ERP를 제대로 활용하는 곳은 없습니다. 국내 최고 기업도 ERP 도입을 위해 2,000억 원을 썼지만, 결국 성공하지 못하고 폐기했다고 들었습니다. 그렇게 어려운 걸 중소기업이 어떻게 할 수 있습니까? ERP의 일부분이고 비교적 쉽게 고칠 수 있는 SCM부터 중소기업이 도입하도록 하면 어떨까요? SCM은 ERP 중 일부인데, 이것만으로도 충분합니다. 제가 한 업체를 시범적으로 도입해서 효과가 있으면 전 중소기업이 SCM을 도입할 수 있도록 지원해주십시오."

"그래요? 그렇게 자신 있으시면 그림을 그려보시지요. 제가 적극 지원해드리겠습니다."

그동안 수많은 공무원을 만나보았지만 그렇게 '확 트인' 사람은 처음 보았다. 그는 사안에 대한 이해가 무척 빨랐을 뿐만 아니라 '관리체계 부족'이라는 중소기업의 고질적인 문제를 해결하려는 의지도 강했다. 그는 사업 진행을 부탁했다. 사실 나는 그 말을 들으러 찾아간 것이나 다름없었다. 그와 이야기를 하면서 '아, 이런 공무원도 있구나!' '이런 분들이 각 부처마다 10명만 있어도 나라가 달라질 텐데'라는 생각을 했다. 업무처리에 있어 가장 중요한 게 속도라고 생각하고 바로 실행에 옮겼다.

SCM(Supply Chain Management, 공급망 관리)

SCM은 기업에서 원재료의 생산, 유통 등 모든 공급망 단계를 최적화해 수요자가 원하는 제품을 원하는 시간과 장소에 제공하는 '공급망 관리'를 뜻한다. 부품 공급업체와 생산업체, 고객에 이르는 과정에서 기업들이 실시간 정보공유를 통해 시장이나 수요자들의 요구에 기민하게 대응토록 지원한다. 세계적으로 선도적 위치에 있는 제조업체, 물류업체, 유통업체들은 SCM을 통해 거래선과 긴밀하게 협력함으로써 그 이익을 극대화하고 있다.

ERP(Enterprise Resources Program, 전사적 자원관리 프로그램)

기업 전체를 경영자원의 효과적 이용이라는 관점에서 통합적으로 관리해 경영 효율화를 추구하는 수단이다. '정보의 통합을 통해 기업의 모든 자원을 최적으로 관리하자'는 개념으로 '기업자원관리' 혹은 '업무통합관리'라고 볼 수 있다.

좁은 의미에서는 통합적인 컴퓨터 데이터베이스를 구축해 회사의 자금, 회계, 구매, 생산, 판매 등 모든 업무의 흐름을 효율적으로 자동 조절해주는 전산 시스템을 뜻하기도 한다. 기업 전반의 업무 프로세스를 통합적으로 관리, 경영 상태를 실시간으로 파악하고 정보를 공유하게 함으로써 빠르고 투명한 업무처리의 실현을 목적으로 한다.

ERP는 90년대 유럽 미국 일본 등 선진기업들이 다국적 회사를 운영하기 위해 종합적인 정보망을 구축하면서 만들어졌으며, MRP(자재소요량관리), MRPII(생산자원관리), MIS(경영정보 시스템) 등의 자원관리 기법의 과정을 거치면서 발전했다.

성공사례를 만들어라

SCM 시스템과 아성프라텍의 성공

• 무슨 일이든 처음에 진도를 나가려면 시범업체 한 곳을 선정해서 모범사례를 만들어야 한다. 좋은 대상이 될 만한 기업을 찾는 게 중요하다. 우리는 SCM 사업을 적용해보기 위해 여러 기업을 살펴보다가 IT관련 부품생산업체 '아성프라텍'이란 회사를 찾아냈다. 이 회사는 중소기업 중에서 규모도 있었고, 사장도 새로운 것을 받아들이는 데에 생각이 트여 있었다. 아성프라텍에 본 사업의 취지를 설명하고 협조를 구했다. 워낙 기업 경영에 자신이 있었던 그 회사 사장은 얼마든지 조사하고 연구하라며 자신있어했다. 우리는 아성프라텍의 재고를 조사하기 시작했다.

제조업체에게 재고는 중요한 자산이다. 재고 정확도를 면밀히 측정했다. 우리가 조사하는 동안에도 그 회사의 사장은 전산화가 잘되어 있어 장부와 재고는 거의 일치할 것으로 자신했다. 그러나 그의 예상은 보기 좋게 빗나가고 말았다. 아성프라텍은 중소제조기업 중에서도 상당히 관리가 잘되어 있는 회사였지만, 재고 정확도는 10%밖에 안 되었다. 재고 정확도가 10%라는 것은 거꾸로 장부상 재고와 실재 재고가 90%나 틀린다는 이야기다.

내가 사장에게 이 사실을 알려주자, 사장은 깜짝 놀랐다. 그 자리에서 담당자를 불렀다. "왜 이렇게 관리가 안 되느냐?"고 물었다. 담당 직원은 "생산하는 부품 종류만 300개가 넘는데 그걸 어떻게 다 정확하게 관리하느냐?"며 오히려 볼멘소리였다. 재고관리가 안 되고 있다는 사실을 실무자는 이미 알고 있었던 셈이다. 어이없는 일이었다.

담당자만 탓할 수도 없다. 재고를 처음부터 정확하게 계산하지 않으면 나중에는 손을 쓸 수 없을 정도로 복잡해질 수밖에 없다. 회사가 만들어지고 수년이 지난 후에 들어온 그 담당자가 어찌할 수 있는 게 아니다. 최첨단 시스템을 들여와 봐야 일만 더 늘어나지, 효율성을 키우기 어렵다. 전산화 이전에 재고 자료가 엉망이기 때문에 발생하는 문제다.

아성프라텍 사장은 결단을 내렸다. 창고를 없애고 공장의 빈 공간에 재고를 보관하고, 영업부에서 신규오더를 수주하면 재고부터 파악해서 부족한 것만 생산하도록 관리했다. 재고도 입출 빈도에 따라서 보관 장소를 달리했다. 전산은 SCM 시스템을 깔아 재고를 관리하게 했다.

1년이 지났다. 1년 전 매출 100억 원, 당기순이익 1억 원 정도 기업이 10억 원의 이익을 내는 기업으로 바뀌었다. 이에 고무된 아성프라텍 사장은 SCM 컨설팅을 위해 자기 회사에 파견돼 있었던 생산성본부 직원을 아예 아성프라텍 직원으로 뽑았다. 이 회사는 SCM을 시작으로 전 부문을 전산화하는 ERP까지 회사 색깔에 맞게 최적화했고 지금도 나날이 번창하고 있다.

나는 '아성프라텍' 사례를 보고서로 만들었고, 산업자원부 김 과장에게 전달했다. 그는 보고서를 보고 나의 노력에 칭찬을 아끼지 않았다. 그리고 중소기업의 SCM 도입을 지원하기 위하여 업체당 시스템 도입 지원 예산 3,000만 원을 기준으로 100개 업체를 지원할 수 있는 예산 30억 원을 지원해주었다. 그 돈은 마중물 같은 것이다. 100개 기업이 1,000개 기업이 되고, 1만 개 기업이 될 수 있다. SCM 사업이 본격적으로 시작된 것이다.

작은 구멍에 큰 둑이 무너질 수 있다

SCM 사업의 이상과 현실

• '아성프라텍' 성공 이후 자신감을 얻은 나와 기업은행 SCM TF팀은 전국을 다니면서 '아성프라텍 컨설팅 성공사례 자료'를 들고 SCM 사업 신청을 받았다. 자신감이 충만해 있었으며, 나아가 기업은행의 최고의 프로젝트로 자리매김할 것을 의심하지 않았다.

그러나 결과는 기대와 정반대였다. 아성프라텍의 기가 막힌 턴어라운드 스토리를 보여주었음에도 불구하고 실제 신청하는 기업은 많지 않았다. 컨설팅을 받고 나면 이익이 눈에 띄게 늘어난다는 사실을 알면서도 SCM을 도입하려는 업체는 적었다. 그 안에는 복잡한 문제가 얽혀 있기 때문이다.

우선, 우리가 접촉한 기업 스스로 수주 발주 업무가 전산화

되는 것에 대한 거부감이 컸다. 수주와 발주, 결제가 전산을 통해 실시간으로 진행될 경우 담당자들의 역할이 줄어들 수밖에 없다. 또 하나 더 중요한 문제는 국내 기업들의 오랜 관행처럼 돼 있는 '비자금 조성' 역시 어려워질 수 있다는 것이었다.

물론 변화를 두려워하지 않는 기업들도 많았다. 연매출 1,000억 원이 넘는 한 회사가 SCM을 도입하겠다고 나섰다. 원래 내가 거래하던 업체이다 보니 솔직히 걱정이 되었다. "비자금 조성 등의 문제를 걱정 안 하느냐?"고 물었더니, 그 회사 사장은 "비자금 조성을 못하는 것도 아니지만 우리는 그런 짓을 안 한다"며 못을 박았다. 이런 식으로 확실하게 말고 투명하게 경영하는 기업만 SCM을 도입했다.

기업 경영은 절대로 단기에 승부를 보려고 하면 안 된다. 장기적으로 회사를 키워낼 생각을 가져야 한다. SCM을 시행하지 못하는 중소기업은 절대로 비즈니스를 확대하거나 성장할 수 없다고 생각한다. 작은 구멍 하나에 큰 둑이 무너지듯, 작은 결함을 그대로 놔두고 지나가는 일이 반복되면 열심히 일해서 번 돈이 자꾸 새나갈 수밖에 없고, 그런 기업이 성장할 리는 만무하다. 지금도 중소기업을 지원하려면 SCM 활용이 필수라고 생각한다. 그래야 중소기업이 성장할 수 있다.

물류비용에 경쟁 국가보다 5~6%를 더 지출하면서 국제적 경쟁력을 어떻게 갖출 수 있겠는가? 나는 지금도 경쟁국보다 2배나 많은 물류비용을 쓰고 있는 우리 기업의 현실에 주목하고 있고, 그럼에도 불구하고 물류비 절감 인프라를 만들지 않고 있는 우리 정부에 대해 안타까운 마음을 가지고 있다.

SCM이 또 다른 상품 개발로

SCM 보급을 위해 전국의 기업을 직접 만나러 다니다 보니, 자연스럽게 협력업체인 부품업체와 발주사인 대기업의 관계에 관심을 갖게 되었다.

'수주를 받는 중소기업이 여러 가지로 고통을 받는구나.'

'정식 발주를 받고 협력업체가 생산한 제품을 반드시 구매하고, 구매한 제품은 반드시 결제하는 게 상식이지만 그렇지 않은 경우도 많구나.'

'이런 중소기업을 금융기관이 도울 수 있는 방법은 무엇일까?'

협력업체는 완성품을 납품하기 전에 제품을 만들기 위한 돈이 필요하다. 그러나 웬만한 중소기업은 대부분 자금난에 허덕인다. 발주사로부터 돈이 들어오기까지 춘궁기를 보내야 하는 것이다. 발주를 받은 게 확실한 중소기업에 원자재 구매나 생산 자금을 지원해주면 중소기업이 편하지 않을까? 왜 납품하고 나서야 어음 할인이라는 제도로만 지원할까? 발주를 받으면 바로 자금지원을 해주면 안 될까? 무역금융은 원자재 구매 자금과 생산 자금이라는 융자제도를 두고 있는데 왜 국내기업 간 거래에는 사전 융자제도가 없을까? 이런 생각을 하게 되었다.

나는 이 세상 모든 '관행'에 반기를 들고 싶다. 문제가 있으면 해결을 해야지, 어떻게 관행이라고 그냥 있을 수가 있는가? 그건 우리의 미래를 닫는 일이나 마찬가지라고 생각한다. 관행을 관행이라고 수용하지 않고 '왜?' 물음을 반복하면서 솔루션을 고민한 것이 '납품 전에 발주를 근거로 융자를 받을 수 있도록 하자'는 생각을 하게 된 것이다. 평촌지점에서 겪었던 일과 '왜?'가 네트워크론의 시작이었던 것이다.

기술 개발만이
미래를 담보한다

시드 컴퍼니의 시작

기업은행에 30년 이상 근무하면서 수없이 많은 중소기업을 만났다. 그 과정에서 얻은 결론이 하나 있다. 중소기업이 살아갈 수 있는 유일한 길은 '기술개발'뿐이라는 사실이다. 실제 중소기업을 경영하는 사장들에게는 배부른 소리로 들린다는 것을 잘 안다. 한 달 한 달 직원들 월급 주기도 힘든데, 어떻게 기술개발에 매달릴 수 있을까? 시장경제는 갈수록 경쟁이 심해지고 있고, 한번 떨어진 경기는 반등이 쉽지 않다. 그래도 나는 누가 아무리 물어도 똑같은 답을 할 것이다. 기술개발만이 중소기업의 미래를 담보한다고.

나는 1990년대 초, 기업은행 기업협력부 과장으로 발령받자마자 주어진 업무와 별도로 중소기업에 가장 필요한 것이 무엇인지 공부하기 시작했다. 기업협력부는 기업에게 필요한 비금융서비스를 제공하는 부서인데, 그 당시에는 기업 지도와 세미나 개최 정도가 주요 업무였다. 나는 '그 정도가 실질적인 서비스가 될까?' 하는 의문이 들었고, 그래서 업무가 끝나면 본점 도서관에 찾아가 자료를 뒤적였다. 그러던 어느 날 강철규 서울시립대 교수의 논문이 눈에 들어왔다. 그 논문에는 내가 원하는 내용이 많이 담겨 있었다. 요약하자면, 다음과 같다.

"중소기업은 생존을 위해 기술개발을 열렬히 원하지만, 세계 최고 수준의 기술이 아니면 쓸모없는 경우가 많다. 그래서 개발 단계부터 외국의 기술 동향을 잘 알고 있는 전문가의 도움이 필요하다. 외국인 전문가를 활용할 경우 언어소통 등 현실적인 한계 때문에 어려움이 있다. 따라서 우리나라 중소기업의 경쟁력을 높이기 위해서는 재외 한국인 과학기술자를 활용하는 것이 매우 필요하다."

지금도 그렇지만, 당시에는 한국 중소기업이 지속적으로 성장하려면 '기술개발을 통해 해외수출을 늘리는 것'이 관건이었다. 그런데 그 무렵 해외시장에 진출하는 중소기업들에는 말 못할 고민이 있었다. 정보 부족으로 국내에서 개발한 기술이 외국 특허에 저촉되는 사례가 잦아 힘들게 개발했어도 빛을 보지 못하는 경우가 많았다. 적지 않은 돈과 시간을 들여

개발한 기술을 활용하지 못하면 그렇지 않아도 재정이 탄탄하지 못한 중소기업 입장에서는 타격이 클 수밖에 없다.

그런 리스크를 줄이려면 기술개발을 시작하는 단계부터 담당 기술에 해박한 외국의 저명한 과학자들의 도움을 받는 과정이 필요했다.

재외 한인 과학자들이 '애국의 마음'으로 참여하면 어떨까? 해외에 있는 한인 과학자들은 국가를 위해 해야 할 일을 찾고, 기업은 효율적인 기술개발을 할 수 있으니 서로에게 좋은 일이 될 수 있었다.

강 교수의 아이디어는 가장 현실적이면서 효과적인 아이디어였다. 나는 그의 논문에서 모티프를 얻은 후, 지체 없이 기획안을 작성하기 시작했다. 그리고 기술개발에 사활을 걸고 있는 중소기업에 설문지를 돌렸다. 질문은 단 하나였다.

"현재 개발하고 있거나 앞으로 개발이 시급한 기술은 무엇인가?"

이 질문에 대한 반응은 예상보다 훨씬 뜨거웠다. 400여 기업에 설문지를 돌렸는데 무려 300여 개 기업에서 답변이 왔다. 그만큼 기술 개발에 대한 열망이 뜨거웠고, 적은 도움이라도 감사히 받으려 했다. 이 설문을 근거로 기획안을 만들었다. 그 어떤 기획안보다 중소기업의 뜨거운 열망이 담긴 기획안이었다.

미래를 위한 씨앗을 심어라

모두의 지지를 받은 시드 컴퍼니 사업

• 일을 성사시키려면 실현 가능성도 체크해야 한다. 이 사업 기획안을 현실적으로 만들기 위해서는 무엇보다도 재외 한국인 과학기술자들의 협조가 절실했다. 우리 중소기업의 열망이 아무리 뜨거워도, 재외 한국인 과학기술자들의 의지가 없으면 아무것도 할 수 없다. 그들의 의지를 알아보기 위해 소통채널을 찾아다녔다.

여러 곳을 수소문한 끝에 '재외한국인과학기술자연합회'와 연락이 닿았다. 미국, 유럽, 일본 등지에 12개 협회를 두고 1만 3,000여 명의 회원을 거느린 거대 단체였다. 그들에게 간절히 협조를 구했다. 연합회 측은 사업 기획안을 보자마자 '국가를 위한 일'이라며 쾌히 승낙했다. 일개 과장의 제안을 무시하지 않고 면밀히 검토해준 연합회 담당자들을 생각하면 지금도 고맙다. 그들은 적극적인 참여를 독려하는 편지를 전 회원들에게 보냈고, 해외에 있는 한국인 과학자들로부터 뜨거운 의지가 담긴 답장을 받아주었다. 거사 준비 끝! 이제 실천만 남았다.

내가 만든 본 사업의 제목은 '기술개발 시범기업 시드 컴퍼니 발굴육성 사업'이었다. 중소제조기업의 경쟁력을 강화하기 위해 기술과 금융을 함께 지원하는 제도로 금융권에서 만든 사업으로는 사상 유래가 없는 글로벌 프로젝트였다. '시드 컴퍼니Seed Company'는 '기술과 자본을 지원받는 기업'을 일컫는다. 미래 대한민국 산업에 좋은 씨앗이 될 기업이라는 의미에서 시드 컴퍼니라고 명명했다.

지원 내용은 당시로서는 파격적이었다. 시드 컴퍼니로 뽑히면 워크숍을 통해 국내외 유명 과학기술자들로부터 기술자문을 받을 수 있을 뿐 아니라, 연구개발 및 사업화 자금으로 업체당 20억 원씩 금융을 지원해주었다.

이 사업의 성공 여부는 기술개발 후보 과제를 선별한 다음 과제별로 워크숍을 열어 기술 능력이 있는 중소기업과 전문가들을 연결시키는 데 있었다. 이 두 그룹을 성공적으로 연결시키기 위해 우리는 우선 국내 과학기술자들을 중심으로 심사위원회를 구성했다. 그리고 위원회로 하여금 수많은 기술개발 과제들 중에서 전후방 파급효과가 크면서도 실현 가능성이 높은 것을 선정하도록 했다. 그러자 50여 개의 기술개발 후보 과제가 정해졌다.

그다음, 재외한국인과학기술자연합회를 통해 후보 과제별로 전문가로 인정받는 재외 한국인 과학기술자들을 찾았고 그들에게 연락해 참가 신청을 받았다. "우리나라 중소기업에서 다음과 같은 기술을 개발하려고 하는데, 여름에 개최하는 워크숍에 참여해달라"는 내용이었다. 물론 이에 따른 비용은 기업은행에서 모두 책임졌다.

열정의 기업과 최고 전문가들이 만나다

재외 한국인 과학기술자들을 초청해 국내 기술경쟁력을 높이려는 시도는 이 사업이 처음은 아니었다. 하지만 이전 사업들은 구체적인 목표 없이 진행되어 전시행정 수준의 행사로 끝나는 경우가 다반사였다. 그런 일이 반복되다 보니, 그들은 초청 행사에 대해 부정적인 인상을 가지고 있었다. 조국을 위해 일한다는 생각에 없는 시간과 비용을 쪼개 날아왔는데 행사의 들러리가 되다 보니 허탈감을 느낀 것이다.

그런데 우리가 준비한 '시드 컴퍼니 발굴육성 사업'은 시작부터 달랐다. 우리나라 중소기업이 필요로 하는 기술과제를 명확하게 제시한 데다 실질적인 지원이 이뤄질 수 있도록 구체적인 스케줄도 명시했다. 휴가 기간에 고국에 와서 쉴 수 있도록 지원했고 워크숍 일정을 잡았으며, 왕복 항공요금과 호텔 숙식비용, 세미나 참가비, 심사비, 강연료까지 지급했다. 호응이 클 수밖에 없었다.

과분하다는 느낌이 들 정도로 수많은 재외 한인 과학기술자들이 시드 컴퍼니에 참가 신청을 했다. 후보 과제별로 여러 명의 전문가가 모였다. 많게는 8명이 신청한 과제도 있었다. 물론 신청한다고 모두 사업에 참여할 수 있는 것은 아니었다. 심사를 통해 최고의 전문가를 뽑았다. 동시에 두 번째 검토를 통해 기술개발 후보과제도 50개에서 30개로 좁혔다. 국내 중소기업들의 열기도 뜨거웠다. 이 사업에 지원할 중소기업을 공모하자 무려 541개 업체가 공모에 응했다. 모든 준비가 끝난 것이다.

우리는 국내 중소기업들과 국내외 전문가들이 한자리에 모일 수 있는 규모의 워크숍을 준비했다. 이 정도 행사를 하려면 무대도 커야 한다. 내부 논의를 거친 끝에 조선호텔 컨벤션홀을 통째로 빌리기로 했다. 규모가 커지자 비용이 부담되었다. 워크숍 견적만 해도 어마어마한 금액이었다. 주위에서는 '일을 너무 키웠다'는 분위기가 팽배했다. 당시 과장이었던 나는 직속상사를 믿는 수밖에 없었다.

다행히 당시 기업협력부장은 내가 무슨 일을 하든지 전폭적으로 밀어주는 스타일이었다. 물론 부장이 모든 문제를 해결할 수는 없었다. 예산을 쥔 '종합기획부'를 설득해야 하는 문제가 있었다. 아무리 취지가 좋은 일이라도 조직의 목표에 맞지 않으면 사업을 진행할 수 없다. 각 부서 입장에서는 대단하다고 생각하지만 은행 전체적으로 우선순위에서 밀릴 수도 있고 '은행이 이런 일까지 해야 하는가?' 하는 생각도 할 수 있다.

예산합의를 돌려놓고 결과를 기다렸다. 드디어 종합기획부에서 호출이 왔다. 예산합의를 안 해주면 사업 추진 못하는 것이고 예산을 삭감하면 사업은 축소될 수밖에 없는 것이다. 종합기획부장님 방으로 들어갔다. 예산배정을 안 해주지는 않겠지만 줄이자고는 할 수 있겠다 생각했다. 항공료, 숙박비, 강사료, 호텔 컨벤션홀 이용료 등 비용이 적잖게 들어가는 사업이었으니까 좀 절약하자고 하실 수 있지 않았겠는가? 의외로 부장님은 "이 과장, 행장님이 혹시 돈 부족하지 않느냐고 물어보시면 '종합기획부장이 예산이 부족하면 얼마든지 더 배정해주겠다'고 했다고 말씀드리라"고 하셨다.

종합기획부장님 역시 이 사업에 대한 기대가 컸고, 호쾌하게 밀어주셨다. 예산 삭감을 걱정하고 있었는데, 오히려 든든한 원군을 얻은 셈이다. 그만큼 기업은행 내에서도 본 사업에 대한 기대가 컸다. 이 사업은 당시 과학기술부 등 정부기관의 관심 사안이기도 했다. 이런 사실이 언론을 통해 알려지면서 이 사업은 이미 회사의 관심을 충분히 받고 있었다. 종합기획부에서도 각별히 신경을 쓰고 예산을 후하게 준 데에는 그럴 만한 이유가 있었다.

숲을 그리고 씨앗을 뿌리다

1992년 7월, '시드 컴퍼니 발굴육성을 위한 워크숍'이 조선호텔에서 열렸다. 호텔은 시드 컴퍼니에 지원한 541개 업체들과 국내외 유명 과학기술자들로 성황을 이뤘다. 한 기술과제당 많게는 20~30개 업체가 참여해 그 분야의 전문가들과 열띤 토론을 벌였다. 국내 중소기업 입장에서는 자사의 기술개발 수준과 방식을 객관적으로 살펴볼 수 있는 기회였다.

김진현 당시 과학기술처 장관은 우리 워크숍에 참석했다가 중소기업과 전문가들의 뜨거운 호응에 깊은 인상을 받았고,

그 자리에서 'G7 프로젝트'와 같은 국가 대형 연구과제에 중소기업을 참여시키겠다고 밝혔다. 또 그 말이 공치사가 아니란 걸 입증이라도 하듯 따로 83억 원을 지원하기로 했다.

이 워크숍에서 다뤄진 내용은 심의위원회가 시드 컴퍼니를 선정하는 데 소중하게 쓰였다. 각 업체들의 기술개발 실태는 재외 한국인 과학기술자들이 포함된 심의위원회에서 엄격한 심사와 평가를 거쳤다. 그렇게 기술과제별로 경쟁력 있는 중소기업을 한두 군데씩 추려 총 21개의 업체에 시드 컴퍼니의 혜택을 주기로 결정했고, 기업은행은 시드 컴퍼니로 선정된 업체에 약속한 대로 연구개발 및 사업화 자금 20억 원씩 총 420억 원을 지원했다. 이들 업체는 기업은행의 지원 아래 열띤 성장을 거듭했다.

자신의 성공에 현혹돼서는 안 된다

시드 컴퍼니 사업이 남긴 것들

• 기업은행은 시드 컴퍼니 사업을 일회성 행사에 그치지 않고 몇 해 더 이어나갔다. 각계각층에서 "은행에서 이런 일도 하는구나" 하고 흥미로워하면서 관심을 가진 것은 물론이다. 당시 우리에게는 국책은행으로서 국가적으로 중요한 일을 하고 있다는 자부심이 있었다.

그렇다고 은행이 손해를 감수하고 중소기업에 퍼주기만 한 것도 아니다. 정부 예산에는 기업의 기술개발을 지원하기 위해 장기 저리로 융자할 수 있는 자금이 있다. 이 사업은 그런 정책자금을 활용했기 때문에 기업은행 입장에서는 수익성도 나쁘지 않았다. 한국은행에서 저리 자금을 받아 마진을 챙기면서도 업체에는 낮은 금리로 시드 컴퍼니에 자금을 제공해주는 방식이었다. 게다가 그 회사가 우량기업으로 성장하면 은행으로서는 좋은 고객을 확보하게 되는 셈이다. 분야별로 한 기업이 선구자가 되면 나머지 기업들이 따라 할 것이고 그러다 보면 관련 기업들이 국제 경쟁력을 갖게 되어 나라의 힘이 커질 수 있는 것이다. 모든 기업에 조금씩 지원하는 금융으로는 지원의 효율이 떨어질 수밖에 없다.

시드 컴퍼니에 선정된 21개 회사가 모두 대박을 내지는 못했다. 이 회사들 중에는 기술개발을 완수해 큰 성공을 거둔 곳도 있고 그렇지 않은 곳도 있다. 그러나 한 업체가 기술경쟁력의 씨앗이 되면 점차 그 주위로 나무가 자라고 숲을 이뤄나갈 것이라고 내다봤다. 지금도 이 기업들은 대부분 대한민국을 이끄는 중견기업으로 성장했다.

그러나 이 사업은 오래 지속되지 못했다. 제도적으로 뿌리내리지 못했기 때문이다. 이 부분은 개인적으로 아쉽게 생각한다. 그러나 처음에 의도했던 것처럼 씨앗은 뿌려졌다고 믿는다. 그 후 나는 다른 부서로 자리를 옮겨 이 일에서 손을 뗐지만, 당시 시드 컴퍼니로 선정된 회사들은 오늘날까지 지속적으로 모임을 이어오고 있다. 시드 컴퍼니의 씨앗은 지금도 여전히 현재진행형이다.

이 사업이 언론에 대서특필되고 사회적으로 큰 호응을 얻으면서, 나는 조직 내에서 일약 유명인사가 되었다. 승진도 했고, 연봉도 올랐다. 직장인이 회사의 시선을 한 몸에 받으며 상사와 동료, 후배로부터 인정받는 것은 꽤나 흥분되는 일이다. 하지만 그 기분에 현혹돼서는 안 된다.

자신의 좌표를 잃으면 스스로 만들어낸 성과가 오히려 독이 될 수도 있다. 언제 어떤 상황에 있든지 간에 중심을 잡고 있어야 한다.

'시드 컴퍼니 발굴육성 사업'은 내가 하고 싶은 일을 찾아 진행한 사업이다. 직장생활의 주어를 달았다는 점에서 내겐 각별한 의미가 있다. 마치 내 자식 같은 생각이 든다. 남이 시켜서 하는 일과 내가 스스로 찾아서 하는 일은 하늘과 땅 차이다. 결과가 달라도 너무 다르다. 남이 시켜서 하는 일에는 창의적인 결과물이 나올 수가 없지만, 내가 좋아서 하는 일은 처음부터 끝까지 창의성이 살아 있다.

나는 회사를 다니면서 야근이 많지 않았다. 윗사람 눈치를 보고 싶지 않았고, 내가 하고 싶으면 야근 정도야 얼마든지 할 수 있다는 마음을 가지고 있었기 때문에 야근에 목매지 않았다. 야근을 밥 먹듯이 해도 시키는 일만 하고 있으면 사는 게 피곤하고 성과도 안 난다. 반면 칼같이 퇴근을 하더라도 내가 일을 찾아서 하면 성과도 크고 생활도 즐거워진다.

하고 싶은 일을 찾았다고 해서 모두 사업으로 이어지지는 않는다. 설득이 계속 필요하다. 함께 일하는 동료부터 회사의 경영진까지 끊임없이 설득해야 한다. 회사 업무는 '설득의 연속'이라고 표현해도 틀리지 않는다. 이 같은 설득의 세계에서 힘이 되는 것은 '데이터'다. 데이터가 있어야 남을 설득할 수 있고, 스스로도 에너지를 얻을 수 있다. 또, 회사에서 내리는 모든 결정은 데이터를 기반으로 한다. 조직은 오직 데이터만 신뢰한다는 사실을 잊어서는 안 된다.

스스로 납득할 수 없는 일을 남에게 제안할 수는 없다. 근거와 실현 가능성을 꼼꼼히 체크하면서 자기 확신을 가질 때 비로소 온전히 나의 일이 된다. 세상에 공짜는 없다. 어디서든 주인 노릇을 하려면, 적어도 내가 왜 이 일을 해야 하는지 스스로에게 묻고 데이터를 축적해나가야 한다. 회사에서 주인공이 되고 싶다면 회사 일이 자기 일이 되어야 하며, 그러려면 자기 자신부터 설득하라. 자신을 움직일 수 있다면 큰일을 해낼 수 있다.

막연한 목표가 아닌 지금 당장의 문제를 찾아라

기다리지 않는 은행 만들기

• 　'시드 컴퍼니 발굴육성 사업' 성공 이후 옮겨 간 부서는 '기업문화개발 사무국'이었다. 1990년대에 들어 우리나라에는 기업문화 개발 붐이 일었다. 기업 구성원들이 가지고 있는 가치, 신념, 행동규범 등을 기업문화라고 부르는데, 이때부터 발전만을 추구하던 우리 사회에 선진적인 분위기가 만들어지기 시작했다. 기업문화가 기업경영의 중요한 요소이고, 좋은 기업문화를 개발하는 게 중요하다고 인식하기 시작한 것이다. 기업은행 역시 이런 분위기에 편승했고, 그렇게 만들어진 조직이 기업문화개발 사무국이다. 사실 기업문화라는 게 어떤 조직을 통해 인위적으로 만들어지는 것은 아니다. 그렇게 만들어놓는다고 문화가 되는 것도 아니다. 뿌리를 내리

기까지 적지 않은 시간과 시행착오가 필요하다.

기업문화개발 사무국에 가서 보니, 사무국 사람들이 모두 손에 잡히지 않는 것을 억지로 개발하려고 안간힘을 쓰고 있었다. 내가 맡은 일은 기업은행의 '경영이념'을 만드는 것이었는데, 나 역시 눈앞이 캄캄했다. 3년마다 거의 어김없이 은행장이 바뀌는데 경영이념을 만들어놓은들 새로 온 행장이 자기 방식대로 지시하고 자기 마음대로 일하면 아무짝에도 쓸모가 없는 일이었다. 어찌 됐든 만들긴 만들어야 하는데 방법은 모르겠고, 시간이 갈수록 스트레스만 늘어갔다. 그러던 어느 날이었다.

"이 과장, 경영이념을 만들라고 한 지가 언젠데 아직 감감무소식이야?"

직속상관이던 담당 부장님이 물었다. 직원별로 맡겨놓은 일이 있는데 내 일은 진척이 없으니 물어보신 것이다. 변명 겸 소신 겸 내 생각을 말씀드렸다.

"좋은 경영이념을 만들기 위한 준비는 다 했습니다. 이제 세계에서 제일 좋은 경영이념을 만들 수 있습니다. 하지만 경영이념은 만드는 것보다 창달하는 과정이 더 중요하다고 생각합니다. 경영이념대로 경영하지 않으면 그 경영이념이 무슨 기능을 할 수 있겠습니까? 이 작업은 시간낭비라고 생각합니다."

당시 부장님은 기업은행의 수많은 부장 중에서도 '깡패'라는 별명이 있을 정도로 보스 기질이나 카리스마가 강한 분이셨다. 그 '서슬 퍼런' 직속상관 앞에서 새파란 과장이 못하겠다고 버틴 것이다. 자칫 눈 밖에 나면 승진과는 영영 멀어질 수도 있는 노릇이었다. 부장은 감히 상사 앞에서 주제넘게 자기주장을 펼치는 부하 직원을 보고 순간 당황한 듯 했지만, 이내 내 말에 수긍하는 표정을 지었다. 그분은 엄하기도 했지만, 일을 아시는 상사이기도 했다. 기업은행 안에서도 둘째가라면 서러운 일꾼이셨던 분이라서 실무자의 이유 있는 주장을 일방적으로 묵살하는 수준은 넘어서 있었던 것이다.

내 입장은 간단하지만 명확했다. '경영이념은 인위적으로 만들 게 아니다. 설혹 만든다고 해도 CEO가 구현하지 않으면 말짱 도루묵이다. 경영이념은 어디까지나 CEO가 무엇에 집중하고 얼마나 노력하는지에 달렸다. 그걸 왜 기업문화개발 사무국에서 만들어야 하는가?' 나는 뜬구름 잡는 일에 아까운 시간을 허비하고 싶지 않았다.

"그래, 좋아. 그럼 기업문화개발 사무국에서는 어떤 일을 해야 하는가?"

"기업문화개발 사무국에서 해야 하는 일은 고객을 위한 시스템을 더 완벽하게 갖추기 위해 노력하는 것이라고 생각합니다. 그것은 몇 마디 구호나 외친다고 실현되지 않습니다. 여기서 시스템은 제도와 환경을 의미합니다. 고객을 우선시하는 제도와 환경이 기업문화의 핵심이 되어야 한다는 게 제 생각입니다. 저는 지금까지 고객을 위해 개선해야 할 시스템이 무엇인지 그 고민을 하고 있었습니다."

골프 연습장을 예로 들어보자. 어떤 골프 연습장은 시간당 얼마씩 돈을 낸다. 이렇게 시간제로 운영하는 곳에서 연습하는 골퍼들은 시간에 쫓겨 무조건 많이 치려는 경향이 있다. 반대로, 공 한 박스당 얼마씩 돈을 받는 곳이 있다. 볼 하나하나 칠 때마다 폼, 방향, 비거리 등을 신경 쓰면서 천천히 공을 친다. 요컨대, 시간 기준으로 돈을 받으면 골프장에서 애써 말하지 않아도 고객들이 알아서 빨리빨리 공을 치는 경향이 강해지고, 박스 기준으로 돈을 받으면 공을 아껴서 신중하게 공을 치게 된다. 사람들은 제도와 시스템에 적응한다. 빨리 치게 하고 싶으면 시간당 돈을 받고, 천천히 치게 만들고 싶으면 박스당 정해진 돈을 받으면 되는 것이다. 시간 기준으로 요금을 받으면서 천천히 치라고 권하면 바보다.

이런 현상을 기업 경영에 적용해보자. 일 잘하는 사람에게만 승진과 월급 인상의 기회를 준다면 누구나 일을 잘하려고 노력할 것이다. 반대로, 성과와 무관하게 상사에 아부하는 직원을 승진시키고 월급을 올려준다면 직원들은 일보다 아부에 더 신경 쓸 것이다. 똑똑하고 일 잘하는 사람이 출세하는 문화를 만들고 싶으면 그런 사람을 중용하면 끝이다. 직원들은 귀신같이 안다. 인사 끝나면 누구는 일 때문에 승진했고, 누구는 무슨 배경으로 승진했고, 누구는 인사권자와 가까워서 승진시켰다는 것을. 인사는 성과에 관계없이 하고 입으로 성과주의를 백번 떠들어봐야 헛일인 것이다. 결국, 제도와 시스템을 잘 만드는 것이 경영자가 할 일이다. 내가 생각한 기업문화는 그런 것이다. 기업문화개발 사무국은 고객의 요구를 충족시켜주는 제도와 환경을 만드는 데 사활을 걸어야 한다는 뜻이다.

그 당시 내가 관심을 가졌던 고객의 요구는 '대기시간 단축'이었다. 그때만 해도 대부분의 거래를 창구직원들이 처리했다. 업무가 너무 과중했다. 고객만족도를 조사해보면 고객이 가장 중요하게 생각하는 게 대기시간이었는데, 가장 만족스럽지 못하다는 답변이 나오는 것도 대기시간이었다. 이런 데이터를 바탕으로 나는 그 대기시간을 줄이는 것이야말로 고객만족도를 제고할 수 있는 중요한 액션플랜이라고 생각했다. '기다리지 않는 은행 만들기' 프로젝트는 이렇게 시작됐다.

현장에서 솔루션을 찾아라

대기시간 단축을 실현하다

• 흔히 은행원을 두고 '보수적'이라고 한다. 여기서 보수적이라는 말은 삶의 자세를 의미한다. 돈을 다루다 보니 안전한 선택을 해야 하고, 그러다 보니 성향이 안정적으로 바뀌기 때문이다. 기존의 시스템에 젖어서 잘못된 관행을 바꾸는 데 소극적이라는 뜻도 가지고 있다. 그러나 은행원이라고 해서 모든 일에 소극적이어서는 안 된다. 특히 고객이 불편해하고 있는데, 내 일이 아니라고, 어쩔 수 없는 일이라고 그냥 두어서는 안 된다. 그러면 은행은 발전이 없다. 문제가 있다면 해결책을 고민하고 찾아내 적극적으로 실천하는 게 발전의 시작이다.

이 세상 모든 문제의 솔루션은 책상머리에서 나오지 않는다. 특히 고객과 관련된 문제는 현장에서 답을 구해야 한다. 성과를 이루기 위해서는 사고(思考)에 발이 달려 있어야 한다.

'고객창구 대기시간 단축' 시스템 개선 과업을 지시받은 나는 그 즉시 현장으로 달려갈 준비를 마쳤다. 당시 수색지점은 시장통에 자리 잡고 있어서 손님들이 몰려들 때는 대기시간이 고무줄처럼 늘어나는 점포였다. 평균 창구 대기시간이 10분이었으니, 먹고살기 바쁜 시장 사람들로서는 불만이 이만저만이 아니었다.

말이 나왔으니 말이지 은행, 공항, 주민센터 등에 가서 3분 이상 기다리면 짜증이 난다. 시간이 걸릴 만한 일이라서 기다리라면 이해가 되지만, 그렇지 않을 것 같은데 기다리면 정말 짜증나는 것이다. 짜증나기 시작하면 옆에서 일 없이 있는 직원들도 밉고, 책임자라고 뒤에 앉아 있는 사람들도 미워진다. 그래서 대기시간이 길어지면 창구 섭외도 아예 불가능해지는 것이다. 성격이 급한 탓인지 모르지만 은행 창구에서 사람을 기다리게 만들면 절대 안 된다는 생각이 평소부터 아주 강했다. 그러던 차에 이런 일을 맡게 되었으니 해결의지가 강할 수밖에 없었다.

산업공학 전문가의 도움을 받다

지점에 가자마자 직원들을 설득하는 동시에 지점의 환경을 조사했다. 그 결과 수색지점의 고객 창구는 직원들이 효율적으로 일하기 힘든 구조였다. 도구와 기계, 금고의 배치가 산업공학적 시각으로 볼 때 엉망이었다. 직원들이 손님을 응대하는 동선을 전혀 고려하지 않고 사무기기들을 배치했다. 이래서는 고객은 고객대로 불편하고 직원은 직원대로 고단할 수밖에 없었다. 나는 업무 효율화 방안을 강구했다. 산업공학 전문가를 불렀고, 그의 조언을 바탕으로 사무실 내부 배치를 직원들이 편하고 쉽게 일할 수 있도록 변경했다.

직원들에게 불필요한 동작이 있는지 살펴보았다. 그러던 중 직원들이 자꾸만 보관대의 지폐를 다독이는 장면이 눈에 들어왔다. 자세히 보니 지폐 보관대가 문제였다. 수평으로 되어 있다 보니 돈이 많이 쌓이면 자꾸만 앞으로 흘러내렸다. 직원들 의견을 확인한 후, 보관대를 경사진 것으로 바꾸었다. 뒷부분을 앞쪽보다 더 낮게 제작해서 배치하자 흘러내린 돈을 추스르는 데 허비하는 시간이 사라졌다.

책상 여기저기 널려 있는 사무용품 속에서 도장을 찾는 것도 시간을 잡아먹는 대표적인 행동이었다. 도장에 고무줄을 매달아 찾는 일 없이 곧바로 사용할 수 있게 개선했다. 이렇게 하나씩 고치다 보니 성과가 가시화되었다. 고객들의 대기 시간이 눈에 띄게 줄어들었고, 업무 수행도 편리해졌다.

지점 직원들과 한마음으로 노력한 결과는 예상을 뛰어넘었다. 3개월의 현장근무를 마무리하고 본점으로 돌아올 무렵 수색지점의 고객창구 대기시간은 3분대로 줄어 있었다. 당시 하나의 시장통에 국민은행과 기업은행이 같이 영업하고 있었는데 기업은행의 대기시간이 획기적으로 줄어들자 고객들이 기업은행으로 많이 넘어왔고, 그 결과 예금도 140억 원이 늘어났다. 고액거래처 예금이 아니고 시장상인들의 한 푼 두 푼이 모여 140억 원이 늘었으니 적지 않은 성과였다.

수색지점 성공 사례를 모든 지점으로

수색지점의 시범사업은 성공이었다. 그렇다고 수색지점처럼 모든 지점에 일일이 들어가서 문제를 해결할 수는 없는 노릇이다. 전국의 수백 개 점포, 수천 명 창구 직원의 의식을 개선하려면 시스템이 필요하다. 요컨대, 창구 직원의 생각을 바꿀 제도와 환경을 만들어야 하는 것이다. 나는 본점에 복귀한 후 수색지점의 성공사례를 어떻게 하면 모든 점포에 확산시킬지 연구에 몰두했다.

각 점포의 창구는 은행과 고객이 만나는 접점이다. 금융자유화 조치 이후 각 은행 사이에서는 치열한 고객만족 경쟁이 펼쳐진다. 이 경쟁에서 이기려면 일선 창구에서부터 경쟁우위를 확보해야 한다. 그 가운데서도 '대기시간 단축'은 고객의 피부에 직접 와 닿는 이슈이고, 가장 확실하게 은행의 이미지를 어필할 수 있는 테마였다. 더불어 지점의 창구를 가장 이상적으로 만들고 싶었다. 산업공학 전문가와 컨설팅 계약을 맺고 도움을 받았다.

당시만 해도 산업공학 전문가의 도움을 받는 것에 거부감을 갖는 사람들이 있었다. 너무 거창하게 일을 한다는 것이다. 그러나 내 생각은 달랐다. 각 점포의 창구를 산업공학의 사각지대로 방치하고서는 고객만족을 실현할 수 없다는 게 수색지점 현장에서 느낀 나의 결론이었다. 창구직원들이 조금이라도 덜 일어서고 덜 움직이도록 해야 대기시간을 단축시킬 수 있다. 이것이 고객이나 직원의 만족도를 동시에 끌어올리는 유일한 방법이라고 생각했다.

예전에는 전표를 작성할 때 스탬프와 빨간 인주를 따로 쓰는 경우가 많았다. 두 개 중에 하나만 쓰면 업무가 훨씬 수월해지는데도 그걸 고민하는 사람이 없었다. 자신의 일이 아니라고 생각했기 때문이다. 산업공학 전문가는 이런 부분까지 잡아내어 수정해주었다. 고객 만족도를 높이고, 업무효율을 극대화시키기 위해서는 이처럼 일상에서 무심코 지나치는 디테일을 놓치지 않는 게 중요하다.

은행 점포 업무에 산업공학을 접목시킨 일은 매우 긍정적인 평가를 받았고, 그 효과도 분명했다. 이후 모든 점포에 산업공학이 적용되었고, 기업은행은 국내 은행 중 가장 고객 중심으로 일하는 은행이 되었다.

먼저 했다고 앞서 가는 것은 아니다

실망스러웠던 일본 은행 시찰

• 일본 은행들도 대기시간 단축을 위해 많은 노력을 하고 있다는 걸 알고 있던 터라 일본 은행들을 보면 배울 게 있지 않을까 생각했다. 1994년 가을, 사내의 젊고 똑똑한 혁신 전문가들과 함께 일본을 방문했다. 일본 은행들이 대기시간 단축을 위해 무슨 노력을 하고 있는지, 어느 정도 성과를 거두고 있는지 등을 조사할 생각이었다.

해외 시찰에 앞서 내가 무엇보다도 중요하게 생각한 것은 사전에 질문을 취합하는 일이었다. 사내의 혁신전문가들에게 일본에 가서 묻고 싶은 것을 미리 내놓으라고 요구했다. 나의 지시는 간단했지만 질문을 준비해야 할 직원들에게는 복잡한 일이었다. 질문을 준비하려면 조사를 하지 않으면 안 된다. 다들 머리를 싸매고 질문을 준비했다. 내가 노리는 것이 바로 이것이었다. 질문을 준비하면서 공부하는 과정을 거치다 보면 해외 시찰을 통해 구체적으로 무엇을 얻어낼지 목표가 분명해진다. 그러면 해외 시찰을 성공적으로 진행할 수 있다.

해외 시찰은 여행이 아니다. 치열하게 공부해야 할 현장 교육이다. 간혹 기업 인사들이 풀어진 자세로 해외에 나갔다가 해당 국가 담당자들에게 망신을 당하곤 한다. 사전준비가 미비하니까 판에 박힌 질문만 하다가 아무것도 못 건지고 돌아온다.

수년 전에 해외유명 중소기업을 시찰하기 위해 기업은행 거래처로 구성된 시찰단과 함께 스위스를 방문한 적이 있다. 그때 코트라무역관 간부가 했던 이야기다. 한국에서 스위스의 중소기업지원제도를 배운다고 중앙정부 공무원이나 지차체 공무원들이 많이 오는데, 올 때마다 묻는 게 스위스의 중소기업지원제도에는 어떤 것들이 있느냐고 묻는다는 것이었다. 그때마다 스위스에는 중소기업지원제도라는 것 자체가 없다는 대답을 되풀이한다고 이야기했다. 사전에 연구하지 않고 여행 삼아 시찰하면서 생각 없이 같은 걸 묻는다는 말이었다. 우리가 당장 고쳐야 하는 병폐 중 하나다. 여행을 할 거면 부담 없이 즐기고, 시찰을 할 거면 철저한 사전준비를 통해 제대로 배우고 돌아와야 한다. 그래서 치열하게 준비했다.

우리는 일본의 은행을 찾아가 그들의 고객 대기시간 단축 활동들을 열심히 조사했다. 일본 금융인들과의 미팅에서 현장 질의는 내가 맡았다. 혁신전문가 15명에게 받은 질문을 일본어로 번역해 고객 대기시간 단축의 노하우를 심층적으로 캐려고 노력했다. 하지만 기대와 달리 결과는 신통치 않았다. 그들은 고객의 대기시간을 단축해서 서비스를 향상시키고 있다고 많이 떠들었지만 실제로 대기시간을 단축시키기 위해서 시스템을 갖추고 성과를 내고 있지는 않았다.

실망감, 그러나 자신감이 생겼다

창구에서 친절한 것은 몰라도 대기시간 단축 부문은 일본 은행들이 딱히 우리보다 앞서 있는 것 같지 않았다. 다양한 캠페인을 벌이고 열심히 홍보는 했지만 유효한 실행은 눈에 띄지 않았다. 대기시간 단축을 담보하거나 강제할 수 있는 시스템이 없었다. 대기시간을 정말로 단축하고 싶으면 실제로 단축시킬 수 있는 전술적 수단을 확보해야 하는 것이다. 그러한 수단의 확보 없이 오직 노력만으로 해결하겠다는 마음은 대개 실패로 끝난다. 대기시간 단축도 오직 '노력만으로'를 외치면 뭔가 될 것 같지만 거의 전부 실패하고 만다. 일본 은행들이 딱 그 정도였다. 홍보 열심히 한 것 말고는 우리보다 특별히 나은 게 없는 정도랄까? 거의 모든 활동이 캠페인 방식으로 추진되었다. 구호를 내걸고 포스터를 붙이고 대내외에 이것들을 알리는 방식이었다. 창구 대기시간을 단축시켜야 한다는 인식은 굉장히 강했으나, 그렇게 할 수 있는 시스템은 거의 없는 상태였던 것이다. 그러나 어떤 일이든지 캠페인만으로는 절대 바뀌지 않는다.

부패와의 전쟁을 선포한다고 부패가 없어졌으면 우리나라는 세계에서 제일 청렴한 나라가 되었을 것이다. 그러나 지금도 미디어마다 부정부패와 관련한 기사가 넘친다. 기업도 마찬가지다. 요새 하는 일이 주로 기업회생과 관련한 M&A주선, 투자 등의 업무다. 그러다 보니 어려워서 기업회생을 진행 중인 업체나 회생 폐지되어 청산절차를 밟고 있는 회사에 자주 나간다.

거의 모든 회사마다 '최고의 고객만족' '창의와 열정' '세계최고수준의 기술개발' 등의 비전이나 경영이념 등을 내걸고 있는 것을 많이 봤다. 모든 회사들이 그 비전이나 경영이념대로 경영했다면 왜 어려워졌겠는가?

이념이나 비전이 중요하지 않은 것은 아니지만 그것들을 달성할 수 있는 유효한 전술적 수단을 가지고 있지 못하면 공염불에 그치는 것이다. 일본 은행들도 다르지 않았다. 그런 류의 캐치프레이즈나 비전 등이 우리나라보다 더 조직적으로 되어 있었지만, 그것뿐이었다. 일본이 모든 부분에서 우리보다 앞서 있다는 생각은 착각이었다. 우리보다 앞서 있다기보다 '우리보다 먼저 했다'는 표현이 맞는 것 같다. 내 기준에서는 그렇다. 무슨 수를 써서라도 대기시간을 단축할 수 있는 전술적 수단, 시스템을 갖춰야겠다는 각오를 하게 되었다. 그러고 보니 일본 시찰이 성과가 없었던 것도 아니었다.

배우는 데에는 열정을 아끼지 마라

소니의 문제해결 솔루션을 찾아서

• 일본 시찰에서 성과를 얻지 못하고 나서, 나는 고객 대기시간 문제를 시스템적으로 해결하는 방법을 백방으로 찾아봤다. 벤치마킹 대상을 비단 금융권에만 제한하지도 않았다. 그러던 차에 소니에 'SSPS'라는 문제해결 시스템이 있다는 정보를 입수했다.

소니 한국공장의 품질관리부장에게 전화를 넣었다. 그리고 일면식도 없는 상대에게 "은행의 고객 대기시간 문제가 심각하다. 이 문제를 해결하기 위해 당신네 회사의 문제해결 기법인 SSPS를 전수받게 해달라"고 요청했다. 소니의 담당부장은 원칙상 대외 전수는 곤란하다며 정중하게 거절했다.

당연한 반응이었다. 듣도 보도 못한 사람이 다짜고짜 전화해 자기네 비법을 내놓으라고 하는데, 이 세상 그 누가 "네, 알겠습니다" 하겠는가? 하지만 맥없이 물러설 내가 아니었다. 기왕에 뽑은 칼, 무라도 잘라야 한다는 생각으로 소니 공장이 있는 마산으로 달려갔다.

소니 한국공장의 품질관리부장은 나를 보자마자 당황해하는 빛이 역력했다. 서울에서 마산이 가까운 거리도 아니고, 전화 통화 몇 시간 만에 얼굴을 마주하니 당황하지 않는 것도 이상한 일이었다. 더군다나 그는 전자제품을 만드는 자신의 회사에서 무엇을 배워 가려 하는지도 의아해했다. 그럼에도 불구하고, 내가 계속 간청하자 먼 길을 달려온 사람에게 야박하게 굴 수는 없었는지 저녁 식사 자리를 만들었다. 그날 저녁 소주잔을 기울이며 그에게서 SSPS에 대한 간략한 설명을 들었다.

SSPS의 핵심은 '5 WHY'였다. 5 WHY는 문제의 원인을 파악해 대책을 마련하는 기법이다. 문제가 발생했을 때 표면적인 원인을 밝히는 데 그치면 개선이 이뤄지지 않는다. 5 WHY의 5단계까지 파고들며 집요하게 왜냐고 묻는다. 나는 이것 하나는 100% 동의한다. '왜?'라고 묻는 것은 비즈니스에 있어 꼭 필요한 습관이다.

공장이 정전되었다.

왜? 정전이 되었는가? 합선 때문이다.

왜? 합선이 되었는가? 쥐가 전선을 갉아먹었기 때문이다

왜? 쥐가 왜 공장으로 들어오게 되었는가? 벽에 구멍이 생겼기 때문이다.

왜? 벽에 구멍이 생겼는가? 뚫린 구멍을 막지 않았기 때문이다.

왜? 왜 막지 않았는가? 구멍 막는 일을 담당할 사람이 없었다.

소니가 만든 5 WHY는 이런 식의 질문을 반복해서 문제들을 해결하는 기법이다. 지금이야 소니가 별 볼일 없는 기업이 되었지만 그때만 해도 세계적인 기업이 아니었던가? 이제는 세상에 많이 알려져 새삼스러울 것도 없지만 당시에는 정신이 번쩍 드는 이야기였다. 나는 5 WHY를 접하고 무릎을 쳤다. 체계적인 질문으로 문제의 원인을 정확하게 파악하는 것은 바로 내가 원하는 문제해결의 출발점이라고 생각했다. 그러나 품질관리부장은 더 이상 구체적인 것은 설명해주지 않았다. 그것 역시 이해되는 대목이었다.

백문(百聞)이 불여일견(不如一見)이요, 백견(百見)이 불여일행(不如一行)이다. 백 번 듣는 것은 한 번 보는 것만 못하고, 백 번 보는 것은 한 번 행하는 것만 못하다. 후배들에게 이 이야기

를 자주 한다. 그런데 막상 주위를 둘러보면 자신이 보고 들은 것을 실천에 옮기는 이가 별로 눈에 띄지 않는다. 너무 흔한 말이라, 그저 흘려 듣는 모양이다. 그러나 가장 흔한 말이 가장 중요한 말이라는 사실도 알아야 한다. 직장생활에서 노력만큼 성과를 얻고 지금보다 더 나은 대우를 받고 싶다면 반드시 '실천'하는 습관이 들어야 한다. 실행력이 뒷받침되지 않고서는 어떤 것도 이룰 수 없다.

2000년대 들어 유행처럼 번졌던 '도요타 신드롬'이 대표적인 사례다. 도요타는 일본을 대표하는 세계적인 자동차 회사다. 수많은 국내 기업의 임직원들이 도요타의 독창적인 생산방식과 경영기법을 배우러 일본에 다녀왔다. 그러나 그들 중에서 도요타의 혁신모델을 자기 사업장에 맞게 적용한 사람은 거의 없었다. 내용은 알고 있으나 시도조차 하지 못하거나, 일방적으로 적용하다가 '우리 현실에 안 맞는다'며 물러서는 게 전부였다.

소니의 SSPS를 벤치마킹할 당시 나는 반드시 기업은행에 적용시키겠다고 몇 번이고 다짐했다. 너무 마음에 드는 시스템이고, 반드시 해야 할 일이라고 생각했다. 기존 업무 때문에 일정이 밀리면 조바심 때문에 몸살이 날 정도였다.

경남 마산의 소니 한국공장을 두 번째로 찾아갔다. 첫 번째 방문에서 얻은 간략한 설명으로는 부족한 것이 너무 많았다. 두 번째 방문은 도와달라고 매달리기 위해서 찾아갔다. 어떻게 해서든 이 솔루션을 활용해 고객의 창구 대기시간 문제를 꼭 해결하고 싶었다. 내가 두 번째 나타나자 소니 한국공장의 품질관리부장은 혀를 내둘렀다. 지금까지 많은 이들이 SSPS를 전수받으려고 찾아왔지만, 모두 다 한 번 요청해보고 안 되면 포기했지, 이렇게 두 번씩이나 찾아와 시스템을 전수해달라는 사람은 내가 처음이라고 했다.

"당신도 소니 직원이기 이전에 한국인 아닙니까? 이렇게 좋은 솔루션을 전수해주면 국익에 도움이 되지 않겠습니까?"

다소 유치하지만, 가장 효과가 큰 설득 화법은 '한국인'이라는 공통분모를 사용하는 것이다. 특히 남자들 사이에서는 꽤나 효과를 발휘한다. 그러나 그 역시 만만치 않았다. 내가 아무리 설득해도 이내 수긍하지 않았다. 그도 그럴 것이, 내가 알고 싶어 하는 내용은 소니 입장에서는 꽤나 중요한 사내 시스템이었다.

"물론 나도 한국 사람입니다. 그러나 지금 당장 소니에서 월급을 받고 사는 사람입니다. 기업은행에 우리 시스템을 전수해주다가 혹시 우리 회사에 피해를 준다면 내 입장이 어떻게 되겠습니까?"

이런 반응에 수그러져서는 안 된다. 계속 설득해야 한다.

"기업은행은 은행업을 하는 곳입니다. 경쟁업체도 아니지 않습니까?"

내가 이렇게까지 나오니 품질관리부장도 '내가 졌다'는 표정이었다. 내가 특별히 대단한 사람이어서 부탁을 들어주는 게 아니라, 나의 설득에 지쳐서 들어주겠다는 표정. 아무튼 그는 "SSPS를 기업은행 점포에 적용할 수 있도록 도와달라"는 내 청을 받아들였다. 이번에도 열 번 찍어 안 넘어가는 나무는 없었다.

대기시간을 단축할 수 있는 시스템을 만들자

은행 순번대기기계의 혁명

• 1994년 12월 세 번째로 마산에 내려갔다. 기업은행 마산지점에 소니 한국공장의 'SSPS을 활용한 고객 대기시간 단축 시스템'을 구축해보기 위해서였다. 기업은행 마산지점을 택한 것은, 당연히 소니 한국공장이 마산에 있기 때문이었다. 지점에서 새로운 시스템을 적용하다가 궁금한 것이 있으면 곧바로 소니 한국공장으로 뛰어가야 하는데, 멀리 있으면 가다가 지쳐서 일을 하지 못한다.

나는 '고객의 창구 대기시간 단축' 사업에 '퀵서비스 시스템 구축 프로젝트'라 이름 붙였다. 이 프로젝트는 기업문화개발사무국 직속상사였던 부장님도 큰 기대를 갖고 밀어주었다. 1995년 초에 예정된 기업은행 신년 워크숍에서 프로젝트 성과물을 발표하겠다고 보고드렸다. 회사에서는 내 열정을 인정했고, 강연시간도 2시간이나 배정했다.

내가 발표만 잘하면 전국 지점에서 대기시간을 획기적으로 단축할 수 있다고 생각했다. 문제는 타이밍이었다. 하나의 프로젝트가 성과를 내려면 시간이 필요한데, 연말연시다 보니 직원들이 붕 떠서 생각만큼 일이 진척되지 않았다. 게다가 나를 도와주던 소니의 품질관리부장은 12월 말이 되자 휴가를 가야 한다며 프로젝트에서 손을 뗐다. 기업은행 신년 워크숍에서 발표시간까지 배당받았는데 연구 성과는 미미한 상황. 참 곤란했다.

SSPS를 적용해 안을 만들어서 옆에 있던 직원에게 보여주면 그냥 웃었다. '이거 가지고 발표하면 뭐가 달라지겠냐?'고 묻는 웃음이었던 것이다. 지금까지 이야기한 것처럼 캠페인이나 선언을 벗어나지 못하는 정도 갖고 뭘 하겠냐는 웃음이라고 할까? 난들 그걸 왜 모르겠는가? 대기시간 단축을 담보하거나 강제할 수 있는 시스템을 만들어야 하는데 어떻게 하지? 고민하다가 하루, 이틀이 지나가고 워크숍 일자는 하루하루 다가오고 있었다. 'SSPS가 무슨 마법도 아닌데 너무 믿었네…. 괜히 워크숍 발표시간을 배정받았다'는 후회를 하면서 밤잠만 설치는 날이 늘었다.

'막무가내로 밀고 나가야 하는 걸까? 아니면 지금이라도 그만둬야 하는 걸까?'

워크숍이 코앞에 닥친 어느 날이었다. 하루 종일 머릿속이 복잡했다. 수색지점과 마산지점에서 얻은 결론은 하드웨어 개선도 중요하지만 창구텔러들의 업무처리실적이 공개되면 빨라진다는 것이었다. 텔러가 하루 몇 건의 업무를 처리했고 얼마나 빨리 업무 처리를 하는지 알 수 없으면 직원들은 빠른 서비스에는 관심이 없어지고 늦어진다는 것이었다. 그러나 2,000여 명의 실적을 무슨 수로 측정하나? 퇴근하려고 지하주차장에 가서 차를 몰고 올라오면서 번뜩이는 아이디어가 뇌리를 스쳤다. '순번대기기를 PC에 연결해 고객별로 창구 대기시간을 측정하면 어떨까?' 창구직원들에게 '자신의 업무량과 처리 속도를 인식시켜주겠다'는 게 아이디어의 핵심이었다. '측정 없이 개선 없다'는 것이 품질관리의 기본 아니던가? 그러나 순번대기기는 대기고객의 순번을 정해주는 그야말로 단순한 기계였다. 이걸 업무용 PC에 연결한다고 내가 원하는 정보를 만들어낼 수 있는지, 연결은 가능한지는 알 수 없는 노릇이었다.

그때까지 세계적으로 그런 시스템을 갖고 대기시간을 단축하고 있다는 소식을 들은 적이 없었다. 그러니까 세계 최초로 그런 생각을 해본 것이다. 대기시간 단축을 확실하게 도울 수 있는 시스템을 만들어야 한다는 집념이 그런 생각을 하게 만든 것이다. 다음 날 회사에 출근하자마자 순번대기 기계 제조업체 세 곳에 제안을 넣었다. "순번대기 기계와 창구의 업무용 PC를 연결해 고객별 대기시간을 측정할 수 있는 시스템을 만들어달라. 가장 먼저 만드는 회사에 납품우선권을 주겠다"고 했다. 세 곳 모두 열심히 일하기 시작했는데, 그중 가장 작은 회사가 가장 빨리 시스템을 만들어 가지고 왔다. 회사 조직이 콤팩트하다 보니 의사결정과 실행이 확실히 빨랐다. 문제는 결과물인데, 결과물 역시 기대했던 것보다 뛰어났다.

기술자가 아니라서 구체적인 메커니즘은 모르지만 연동하는 데 대단한 비용이 드는 것도 아니었다. 그러면서도 연동 결과는 대단했다. 업무처리 데이터가 일목요연하게 뽑혀 나왔다. 직원들 스스로 자신의 업무량을 확인할 수 있게 된 것이다. '창구 직원 한 명이 하루에 몇 사람의 고객을 응대했으며 한 고객당 처리시간은 얼마나 걸렸는가?'를 바로 알 수 있을 뿐만 아니라, '그 창구직원의 처리속도는 전체 창구직원 중 몇 위이고 처리한 고객 수는 몇 분이고 전체 창구직원 중 순위는 몇 위인가?'를 일목요연하게 볼 수 있도록 데이터가 자동으로 생성되었던 것이다.

나폴레옹이 전략적으로 찬란한 업적을 이룰 수 있었던 비결은 전술적 차원에서 효과가 큰 포병대를 능숙하게 활용했기 때문이다. 왜냐하면 중요한 역할을 해내고 가장 많은 사상자를 내는 무기가 바로 포병대인데, 그 포병대를 잘 활용하니까 수많은 전쟁을 승리를 이끌었던 것이다. 전쟁론의 대가인 크라우제비츠는 전략은 전술을 따라간다고 이야기한다. 우선 효과적인 전술을 찾고 그걸 바탕으로 전략을 짜라는 것이다. 대기시간 단축이라는 전략과제를 추진할 수 있는 전술적 수단을 확보하게 된 것이었다. 그렇게도 원했던 '대기시간 단축을 담보하거나 강제할 수 있는 수단'을 드디어 갖게 된 것이다.

고객들의 창구 대기시간이 단축된 것은 물론이었다. 주위에선 대박이라고 난리였다. 대기시간 단축 프로젝트의 첫 단추를 제대로 꿴 것이다. '순번대기 기계와 업무용 PC를 연동한 고객 대기시간 단축 시스템'은 1995년 새해 워크숍에서도 단연 화제였다. 경영진의 전폭적인 지지를 받았고, 그 자리에서 그분들로부터 "전체 은행 차원에서 시행하겠다"는 약속도 받았다. 모든 창구직원의 고객업무 처리현황이 실시간으로 전산에 뜨는 시스템이 기업은행 전 지점에서 시작되었고, 고객 대기시간은 눈에 띄게 단축되었다.

이 시스템을 통해 창구직원들 간에 있을 수도 있는 미묘한

미루기 심리를 근본적으로 해결할 수 있었다고 생각한다. 점포마다 창구직원이 여러 명 있다. 고객은 순번대기표를 뽑아서 기다리고 있다가 창구직원이 벨을 누르면 차례대로 창구에 가서 일을 본다. 내가 벨을 좀 더 느리게 누르면 고객이 다른 직원 앞으로 갈 수 있다. 그것이 쌓이면 인터벌이 길어지고 대기시간이 길어지는 것이다. 우리나라 은행에서 창구직원이 2배 많은 고객의 업무를 처리해준다고 월급을 더 주는 것도 아니다. 그리고 그걸 카운트해서 잘한 직원을 칭찬하고 못한 직원을 나무라는 일도 없다. 그런 환경에서 열심히 업무처리를 하는 직원이 있다면 그 직원이 특별한 직원일 것이다

개선된 순번대기 시스템은 누가 일을 많이 하는지 드러내주는 기능을 했고, 그것 때문에 자기 실적을 확인하고 남들과 비교해서 얼마나 잘하고 있는지, 못하고 있는지를 비교하는 기능을 했다고 생각한다. 자극을 받고 열심히 하게 되고 옆에서 열심히 하니까 덩달아 열심히 일하게 만들어 전체적으로 시너지를 만들어내는 순기능을 했다고 볼 수 있다.

많이 고민하고 새롭게 생각하라

대기시간 단축 시스템의 업그레이드

• 고객의 창구 대기시간 단축을 위한 우리의 노력은 계속되었다. 이윽고 "고객이 창구에서 10분 이상 대기하면 보상금으로 1,000원을 주겠다"는 방침까지 세웠다. 이른바 '대기시간 보상제'였다. 모든 방법을 다 활용한 셈이다.

막혔다가 뚫리면 그 흐름이 성대한 법이다. 고객 대기시간 단축의 아이디어와 실행, 성과가 계속 이어졌다. 그러자 언론도 기업은행을 주목했다. 기업은행이 전 은행을 통틀어 업무처리가 가장 빠른 은행이 되었다.

그러나 빛나는 성과 이면에 그림자도 생겼다. 창구직원의 업무량과 처리속도가 사내는 물론이고 사회적인 이슈로 부각되자 그들로부터 불만이 터져 나왔다. 사람이 기계도 아니고,

"숨이 막혀서 어떻게 일하냐?"는 것이었다. 업무 틈틈이 휴식도 있어야 하는데, "이렇게 옥죄어서는 살 수가 없다"는 뜻이었다.

창구직원들은 노조에 어려움을 호소했고, 노조 역시 이를 받아들여 내게 항의의 뜻을 전해 왔다. 노조에서는 "기계가 인간을 감시하면 노동 강도가 세질 수밖에 없다"고 말했다. 일리가 있었다. 그러나 나도 이 시스템을 현장에 접목시키면서 창구직원들의 노동 강도를 생각하지 않은 것은 아니었다. 창구가 빨라진다고 그에 비례해 고객이 늘어나는 것은 아니다. '노동 밀도가 높아지긴 하겠지만 노동 강도가 세지는 건 아니다'라고 생각했다. 일을 효율적으로 하는 것일 뿐 업무량은 비슷하다는 결론을 내린 상태였다.

"고객 대기시간을 단축합시다"라고 선언하면 반대하는 사람은 한 사람도 없다. 그러나 대기시간을 단축하지 않으면 안 되는 상황이 오면 온갖 이론을 들고 나와 반대하는 것이 인간이다. "창구에서 친절합시다"라고 이야기하면 한 사람도 반대하지 않는다. 그러나 친절한 사람을 포상하고 불친절한 사람에게 불이익을 주면 모든 핑계를 갖다 대며 반대한다. 그게 바로 총론찬성, 각론반대다. 그래서 세상 사는 게 어렵다.

그렇긴 해도, 현장의 소리를 아무 일 아닌 듯 그냥 넘겨서는 안 된다. '오죽하면 그런 말이 나올까?' 이 생각을 먼저 해야 한다. 조율이 필요했다. 노조와 이야기하다 합의점을 찾았다. 결국, 고객 대기시간 단축 시스템의 기본골격은 유지하되, 대기시간 보상제는 지점의 자율적인 선택에 맡기기로 했다. 일선에서 일하는 창구직원들이 스트레스에 시달리면 은행도 손해다. 그들의 의견을 깊이 새겨야 한다.

그 후 기업은행의 고객 대기시간 단축시스템은 IT기술의 발전과 맞물려 업그레이드를 거듭했다. 당시보다 엄청난 통계를 만들어냈다. 내가 고안해낸, 순번대기 정보를 PC에 연결해 대기시간을 단축하도록 한 최초의 발상이 그 토대가 되었다.

생각해보면, 그런 발상이 나온 것은 우연이 아니다. 오랜 시간 고민했고, 다양한 형태로 아이디어를 만들다가 나왔다. 모든 사업은 이처럼 번뜩이는 작은 아이디어에서 시작된다. 업무가 주어지면 많이 고민하고, 새롭게 생각해야 한다. 이게 성공으로 가는 첫걸음이다.

순번대기기는 단순히 순번만 정해주는 기계다. 그러니 대기시간 단축을 위해서는 쓸모가 없다고 생각을 닫아버리면 전행적인 창구 대기시간 단축은 이뤄질 수 없는 것이었다. 순번대기기에 전산기기를 연결하면 정보를 보관하고 관리할 수 있지 않을까? "그런 기계는 없습니다"라고 닫아버리면 폐쇄형 사고다. “없어? 그럼 만들면 되지” 하는 게 확장형 사고인 것이다. 나는 은행원인데 그런 것까지 챙길 필요가 없다고 생각하면 폐쇄형 사고인 것이고, “대기시간을 단축하기 위해 못 할 게 뭔가?”라는 사고는 확장형 사고인 것이다.

은행원이 은행원만 만나면 늘 사고의 한계를 느낄 수밖에 없다. 은행 업무와 관련 없는 다양한 사람들을 만나야 사고의 폭이 넓어지고, 정말로 은행에 필요한 정보들을 얻을 수 있을 뿐만 아니라 확장형 사고를 가질 수 있다고 생각한다.

느슨한 연대가 인물을 키운다

발전 있는 기업 문화를 위한 제언

• 매일 야근한다고 책상에 앉아 있는 사람은 실적이 별로인 경우가 많다. 현직에 있을 때 나는 야근한 적이 거의 없다. 나만 안 한 게 아니고 직원들에게 7시면 퇴근하라고 권했다. "나가서 공무원, 기자, 애널리스트, 다른 은행직원, 보험이나 증권사 직원 등을 만나서 식사도 하고 술도 마시면서 정보를 들어라"라고 조언했다. 그들과 모임을 만들 것까진 없지만 느슨한 연대를 만들어두면 의외의 정보를 접하게 되고, 세상이 어떻게 바뀌고 지금 나는 무엇을 해야 하는지 감을 잡을 수 있게 된다.

서브프라임 위기 때다. 공무원들과 저녁을 하던 중, 어떤 분이 "많은 중소기업들이 위기에 몰릴 텐데 기업은행이 대비해야 하지 않겠나?"라는 의견을 흘리듯 이야기했다. 날씨가 추워지면 영유아가 먼저 감기 걸리듯, 경제가 어려워지면 규모가 작은 중소기업들이 어려워진다. 이를 위해 증자를 신청하고 중소기업 대출을 늘릴 수 있도록 대비하자! 이 생각을 바로 행장님께 보고드리고 관련부처 국회 등의 도움을 받아 1조 3,000억 원을 증자 받게 됐다. 장기나 바둑을 둘 때 옆에서 보는 사람이 더 좋은 수를 볼 수 있는 것처럼, 바깥에 있는 사람들이 기업은행이 무엇을 해야 하는지 더 정확하게 볼 수 있다. 강권석 행장님 재직 시 기업은행의 '기업'을 가지고 광고카피를 만든 적이 있다.

"起UP, 氣UP, 企UP, 基UP!"

'起UP'은 '일어나라! 국민경제', '氣UP'은 '힘내라! 대한민국', '企UP'은 '웃어라! 중소기업', '基UP'은 '기업의 터전, 기업은행'을 뜻한다. 기업은행이 어려운 기업들이 일어서도록 돕겠다는 의미의 광고였다. 상당히 재밌는 광고였다. 이 광고카피도 모 언론사 간부의 힌트를 받아 강 행장님께서 아이디어를 내신 광고였다. 이처럼 느슨하게 부정기적으로 만나는 사람들의 아이디어가 의외로 경영에 큰 도움을 줄 수 있다.

어느 재벌 기업 총수가 대학 교수들을 초대해 식사하면서 사업상의 조언을 받는다는 기사를 본 적이 있다. 임직원들과의 대화도 중요하지만 우리 기업과 관계없는 사람들과 만나서 세상 돌아가는 이야기, 선진국의 기술 동향 등을 들어보는 것도 그에 못지않게 중요하다. 아마 재벌 기업 총수는 회사라는 세상과는 전혀 다른 세상을 볼 수 있는 기회로 대학 교수들과의 식사 자리를 활용했을 것이다.

늦게까지 책상에 앉아 있는 것보다, 제때 퇴근해 각 분야의 사람들을 만나고 느슨한 연대를 만들어 아이디어나 정보를 얻는 게 때에 따라서는 훨씬 더 도움이 된다. 느슨한 연대의 퀄리티가 그 사람의 퀄리티를 결정한다고 해도 과언이 아니다.

워킹코드, 직장인 성공의 비결

'상사가 뭘 고민할까?' '우리 조직에서 필요한 게 뭘까?' '고객을 위해 무엇을 해야 하는가?' 이런 고민은 평소에 늘 생각하고 있어야 한다. 그래야 일이 벌어졌을 때 제대로 할 수 있다. 이것이 워킹코드다. 내가 기업문화개발 사무국에서 일할 때도 마찬가지였다. 경영이념? 사실 필요 없다. 그걸 지시한 상사도 그건 아니라는 것은 알고 있었다. 그래서 내게 "네가 알아서 해"라고 넘긴 거고, 그렇게 나에게 전권을 준 바람에 '고객 대기시간 단축' 성과를 낼 수 있었다. 나는 '아름다운 기업문화'가 이런 것이라고 생각한다.

업무적으로는 과감히 들이대고 인간적으로는 깍듯이 존경하는 문화를 지향하는 것.

이게 정말 이상적인 기업문화라고 생각한다. 윗사람 지시라고 무조건 따르고, 아랫사람을 일방적으로 부리기만 하는 게 무슨 바람직한 문화인가? 부당하다고 생각되면 윗사람에게도 당당히 대들고 설득하고 하는 직원이 아름답다. 지시하면 받아쓰기나 하고 1년 내내 지시한 것만 수행하는 부하가 나에게 무슨 도움이 되겠는가?

내가 임원후보로 거론될 때 꺼리는 사람들이 많았다고 들었다. 내가 고분고분하지 못하니 부담스러울 수도 있지 않았을까? 그런데 그건 틀린 생각이다. 업무적으로 자기의견을 떳떳이 이야기하고 들이대도 그런 사람이 나의 실수를 막아줄 수 있는 사람들이다. 듣기 거북하지만 옳은 소리 하는 사람치고 곧지 않은 사람이 없다. 조직에 필요한 사람들이다.

그래서 후배도 대드는 친구들이 좋다. "이건 잘못이다"라고 따지는 후배를 아낀다. 눈치 보면서 "당신이 옳습니다" "제가 부족했습니다" 하는 후배는 별로 정이 안 간다. 처음에는 듣기 좋은 소리가 귀에 들어오지만, 남는 것은 없다. 늘 예스만 하는 사람이 왜 필요한가. 나 한 사람만 있으면 충분하지.

수용하고 적응하기보다 삐딱하게 보면서 더 좋은 방법을 찾아보는 성향 탓에 지점의 영업방식이 매우 비효율적이라는 생각을 하고 있을 때였다. 은행 영업의 새로운 패턴을 찾아보자고 결심하고 부장과 팀장을 불렀다. 당시에 마케팅 컨설팅으로 크게 성공한 분을 추천하면서 "그분과 함께 새로운 은행 영업 패턴을 같이 만들어보라"는 제안 겸 지시를 했다.

한 영업점을 선정해 일정 기간 협업하면서 성과에 따라 컨설팅비용을 지급하고, 성공할 경우 전 지점에 적용해볼 생각이었다. 그런데 담당 부장과 팀장의 반응은 영 신통치 않았다. 지시한 후 며칠이 지났지만 진척이 없었다. 그들을 불러서 이야기를 들어보니 컨설턴트 능력도 의심스럽고 실무적으로 이런저런 문제들이 많아서 추진하지 않았으면 좋겠다는 이야기를 했다.

내 생각은 달랐지만, 일을 직접 추진할 직원들이 디테일한 면까지 검토해서 부정적이라면 그만두어야 한다. 지금도 그 직원 둘을 만나면 그때 이야기를 한다. "밀어붙이기만 할 줄 알았는데 꼭 그렇지도 않더라." 안 될 줄 알지만 상사가 지시하니까 추진해보고 실패하면 '당신이 하라고 했지 않으냐'고 말한다면 정말 비겁할 뿐만 아니라 무능하고 쓸모없기까지 한 직원이다. 분위기상 해야 될 것 같은 일이니까 끌려가듯 해놓고, 실패하니 '상층부에 보고드렸다'면서 면피하려는 공기업 전 사장들이 있다. 그것이 사장의 잘못인가? 그들의 잘못이 없지 않지만 그들이 소신껏 일할 수 있는 분위기를 만들어주지 못한 상층부의 책임이 더 크다.

터널뷰가 회사를 망하게 한다

내가 맡은 일만이 전부가 아닌 이유

• 　'나는 은행원이니, 은행 이외 업무에는 관심이 없다.'

'나는 기업고객본부 소속이니, 기업 외에는 관심이 없다.'

'나는 기업고객본부 중에서 마케팅부이니, 마케팅 외에는 관심이 없다.'

'나는 기업마케팅부에서도 영업지원이니….'

회사에 이렇게 내가 맡은 업무만 들여다보고 그 외에는 아무 관심이 없는 직원들만 있다면 어떻게 될까? 고객의 관심사는 대개 여러 개의 부서와 관련이 있고 회사 전체가 유기적으로 연결되어야 해결될 수 있는 일들이 많다. 경우에 따라서는 은행 전체가 매달려도 해결할 수 없는 일들도 있다. 일을 할 때 내가 맡은 일도 중요하지만, 고객의 관심사가 훨씬 더 중요하다.

네트워크론 설명회 때 삼성전자는 관련부서 사람들이 한꺼번에 모여서 '원샷'에 도입하기로 결론을 내고 아주 빨리 협약을 체결했다. 반면에 이름을 밝힐 수 없는 경쟁기업은 구매팀, 재무팀을 따로따로 만날 수밖에 없어서 결정이 늦어지고 실제 협약식을 갖게 되기까지 서너 달이 걸렸다.

'나는 내가 맡은 일만 하면 되고, 다른 팀의 일은 거기 가서 해결해라.'

이 사고가 바로 터널뷰Tunnel View이고, 고객이 우리 회사를 떠나게 만드는 문화인 것이다. IBM이 위기에 처했을 때 루거스너 회장이 CEO로 취임했다. 루거스너 회장이 경영을 맡게 되면서 취한 조치가 임원들이 고객사를 만나게 하는 것이었다. IBM 사무실에 앉아 자기가 맡은 일만 처리하고 있는 임원들에게 맡은 업무가 무엇이든지 고객사를 만나고 그 결과를 임원회의에서 발표하게 하는 조치를 취한 것이었다. 세계 최고의 IT기업 임원이라고 거들먹거리고 앉아 있을 때에는 생각지도 못했던 회사의 부끄러운 모습들을 스스로 보게 한 것이다. '내 임무만 처리하면 그만'이라는 생각은 '고객이 불편한 것이 있어도 나와는 상관없다'는 관료주의적인 행동으로 이어질 수밖에 없다.

임직원이 이런 사고에 젖어 있다면, 고객은 굉장히 불편해지고 결국은 그 회사에 등을 돌릴 수밖에 없는 것이다. 그래서 IBM이 어려워졌고, CEO가 교체된 것이다. 다른 부문에서도 여러 가지 조치들을 취했지만 루거스너가 몰락해가는 IBM을 구할 수 있었던 것은 주로 고객사를 만나 그들의 고충과 애로사항을 청취한 것에서부터 시작되었다고 생각한다. 좋은 제도라고 생각하면 즉시 따라 하는 것이 내 성격이다. IBK연금보험 경영을 할 때 모든 임원이 고객을 만나게 하고 주기적으로 임원회의에서 정보를 나누게 했다. 임직원이 터널뷰에 빠져 사고가 협착해지고, 행동반경이 좁아지면 회사는 어려워진다.

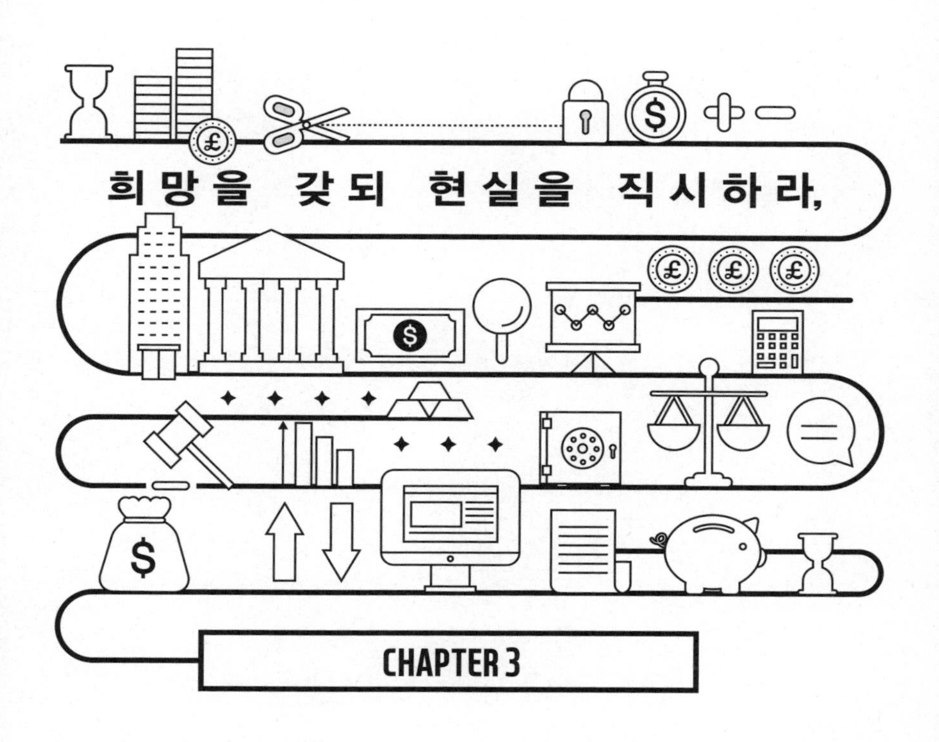

스톡데일 패러독스

이 세상에 쉬운 일은 하나도 없다. 딱 한 가지, 나이 먹는 것 빼고는. 어렵다는 이유로 포기한다면 할 수 있는 일이 하나도 없을 것이다. 다만 할 수 있다는 믿음만 가지고는 부족하다. 일을 어렵게 만드는 현실을 직시하는 것, 이것이 믿음 못지않게 중요하다.

'스톡데일 패러독스'는 베트남 전쟁 당시 베트남 포로수용소에 8년 동안 갇혀 있었던 미군 스톡데일 장군의 이름에서 따온 심리학 용어다. '희망의 역설'을 뜻하며, 최근에는 리더에게 필요한 요건으로 더 많이 사용된다.

스톡데일 장군은 "수용소에서 살아남은 사람들은 낙관주의자가 아니라 현실주의자"라고 말했다. 그는 "낙관주의자들은 다가오는 크리스마스에는 나갈 수 있을 것이라고 생각하다가 그렇게 되지 않자 부활절에는 나갈 수 있을 것이라고 주장하는 등 근거 없는 희망만 품다 결국에는 상실감이 극대화돼 어느 순간 더 이상 견디지 못하고 수용소에서 죽어갔다"고 말했다. 반면, "현실주의자들은 크리스마스 때까지는 나가지 못할 것이라고 생각하면서도 동시에 언젠가는 나갈 수 있을 것이라는 믿음을 잃지 않아 결국 살아남을 수 있었다"고 분석했다. 결국 최후에 살아남는 사람은 '현실주의자'라는 게 그의 생각이었고, 그게 하나의 이론이 되었다.

주변을 둘러봐도, 직장 내에 성공하는 사람이나 사업에서 성공하는 사람들은 낙관주의자보다는 현실주의자가 많다. 많은 낙관주의자들이 주머니에 돈이 마를 때까지, 다른 곳에서 돈을 유치할 때까지 유치하다가 결국 극단적인 실패를 맛본다.

그러나 현실주의자들은 순간순간 위기관리를 하고, 그 덕분에 최악의 결과는 면한다.

옳고 그르고를 떠나 이 세상 모든 사물은 나름의 규칙을 가지고 잘 짜여 있다. 정합성(整合性)이 높다고 표현해야 할까? 따라서 무언가 새로운 것을 만들어내거나 기존의 것들을 바꾸기는 생각처럼 쉽지 않다. '중소기업 근로자들에게 노후를 대비하게 하자'는 아이디어는 얼마나 좋은가? 그러나 이러한 생각으로 IBK연금보험이 진출을 시도할 때에, 우리나라 보험업계는 이미 잘 짜여 있었다. 새로운 보험사 없이도 애로사항 없는 시장이었다는 이야기다. 당연히 새로운 보험사를 만드는 게 쉽지 않았다. 신규 보험회사 설립을 어렵게 만드는 여러 가지 제약 요소들을 면밀히 파악한 뒤, 장애물을 하나하나 극복하였기 때문에 보험회사 신설이라는 목표를 이룰 수 있었다. 목표를 세우고 꿈을 이루기 위해서는 그것을 방해하는 냉혹한 현실을 동시에 직시해야 한다.

정부가 내놓는 대부분의 개혁적 조치들이 성공하지 못하는 이유는 무엇일까? 그 뜻은 훌륭하고 포부도 크지만 그것을 가로막는 냉혹한 현실에 대한 사전 진단이 잘못되었거나 실패했기 때문이다. 그래서 경험이나 경륜을 갖추고 있는 인사를 발탁할 수 없다면, 애초에 시작하지 말아야 한다.

은행이나 보험회사에서 추진했던 일들을 뒤돌아보니 일의 성공에 매우 중요한 것이 이 스톡데일 패러독스와 연결되어 있음을 알게 됐다.

프로젝트가 기대한 수준만큼 성과가 나지 않을 때는 '낙관적인 생각'을 하기보다는 '현실적인 생각'을 먼저 해야 한다. '왜 고객들이 우리 상품을 사지 않는지' '가장 큰 문제점은 무엇인지' '문제점을 개선하려면 어떤 전략을 취해야 하는지'…. 치열하게 분석하고 고민해서 해결해나가야 한다. 이게 최선의 방법이다. 신규 상품을 내놓고 "아직 홍보가 부족해서 안 팔리는 것이니 시간이 필요하다"는 식으로 막연히 기다리다가는 걷잡을 수 없는 지경에 이르게 된다.

"세상은 노력한 만큼 답을 보여주고, 사람은 노력한 만큼 답을 볼 수 있다."

내가 가장 좋아하는 '일의 자세'에 대한 정의다. 이 말은 30년 넘게 직장생활을 하는 동안 단 한 번도 틀리지 않았다. '노력한다'는 것은 현실을 보기 때문에 가능한 일이다. 결국 현실을 볼 수 있느냐, 그렇지 못하냐가 성공의 열쇠가 된다는 말과 다르지 않다.

누구나 어려운 시기가 온다. 그 아무리 똑똑한 사람에게도 마찬가지로 위기는 온다. 어렵고 힘들 때일수록 냉정하게 사고하고 현실적으로 판단해야 한다. 노력하면 잘될 수 있다는 희망은 갖되, 냉혹한 현실을 직시해야 한다. 모든 지식과 정보를 동원해 여러 가지 제약요인들을 제거할 수 있는 전략을 만들어야 한다. 그렇게 어려운 시기를 보내고 나면 스톡데일 장군처럼 '생존의 기쁨' '찬란한 성공'을 맛볼 수 있다.

현실을 파악하고 장애물을 직시하다

설득할 때 극복해야 할 과제들

• 중소기업을 가장 잘 아는 은행은 바로 기업은행이다. 중소기업 직원들의 노후대비를 위해 기업은행은 연금전문보험사를 만들었다. 중소기업 직원들의 사적연금 적립률을 높여야 한다는 생각은 얼마나 이상적인 생각인가. 그러나 이 과정은 앞에서 말한 바와 같이 결코 순탄치 않았다. 명분이 좋다고 해서 결과도 좋을 수는 없다. 대한민국 최초로 연금전문보험사를 설립하는 것이니, 이를 인가하려면 검토해야 할 것들이 한두 가지가 아니었을 것이다. 더군다나 그 무렵에는 서브프라임 위기로 금융권이 휘청거릴 때였다.

기존의 보험사들 중 몇 군데가 이미 어려움을 겪고 있는데 새로 보험사를 만들겠다니, 말은 그렇게 안 했지만 나를 '또

라이'로 보지 않았을까 생각된다. 이런 상황에서 새 보험사를 인가해준다면, 기존 업체들의 반발도 예상할 수 있다. 또 막상 인가한 뒤 경영성과가 형편없다면, 인가권자들한테 비난이 쏟아질지도 모른다. 당시 세계적인 연금전문보험사가 변액연금으로 인해 휘청거리고 있었으니 이런 걱정은 당연했다.

담당자 입장에서는 인가를 하지 않으면 복잡한 일이 없다. 혹시라도 잘못될 경우, 이런저런 책임질 일을 만들기 싫은 것이 담당자의 입장일 것이다. 일을 할 때는 이런 담당자의 심리도 극복해야 하는 큰 과제다. '명분은 좋으나 리스크가 있다'는 경우, 상황을 직시하고 담당자에게 성의를 다해 이해와 협조를 구하려는 크고 작은 노력들이 필요하다. 이런 의미에서 스톡데일 패러독스가 시사하는 바는 크다.

부행장 시절, 메디컬 네트워크론을 성사시키기 위해 국민건강보험공단 담당 차장을 만났다. 그 만남에서 의료기관이 어떤 혜택을 받고, 공단은 공기업 평가에서 어떻게 좋은 평가를 받을 것인가에 대한 내용을 정리해 갔고, 그 자리에서 최대한 공손하게 예의를 갖춰 설명을 드렸다. 그런데 10페이지의 자료 중 3페이지도 넘어가기 전에 "그만하라"고 했다. 그 말에 담당 차장의 얼굴을 살피니 '당신, 또라이 아니야? 내가 이런 걸 왜 해?'라는 표정이었다.

열과 성을 다해 준비한 입장으로서는 기분 나쁘고 자존심 상하는 일이다. '한 은행의 임원이 최대한 예의를 갖춰 설명하는데 무슨 이야기인지는 들어줘야 하지 않을까?' 하는 생각은 당연했다. 그러나 상대방 입장을 생각해보자. 담당 차장으로서는 내가 제안한 일을 성사시킨다고 해서 월급을 더 받는 것도 아니고, 만약 성사된 후 괜히 사고라도 나면 곤란한 일뿐인데 굳이…. 그들 입장에서는 골칫거리라고 생각할 수 있다. 수년간 그 자리에 있으면서 여러 은행들로부터 비슷한 부탁을 받아왔을 것이다.

이것이 목표를 달성하지 못하게 하는 현실이다. 이 현실을 외면한 채 '좋은 제안을 거절했다'고 욕만 한다면 절대로 일을 성사시킬 수 없다. 메디컬 네트워크론도 세상에 빛을 보지 못했을 것이다. 무슨 일이든, 시작하기 전 현실을 파악하고 장애물을 직시하지 않으면 절대 성공하지 못한다.

필요하면 규정을 바꾸라

MBC를 거래처로 만들다

• 여의도 MBC 영업소장으로 일하던 시절의 이야기다. 처음 MBC 영업점에 가보니, 전임 소장이 열심히 뛰어다녔음에도 불구하고, 더 할 수 있는 영업이 많았다. 처음 눈에 띄는 것은 '외환거래'였다.

방송국이 외환거래가 많은 데에는 이유가 있었다. 방송국의 방송장비는 대체로 해외에서 들여오는데 돈이 많이 든다. 예를 들어, 헬리콥터 한 대만 해도 얼마인가? MBC가 우리를 통해 거래를 하게 만들면 그 금액이 고스란히 우리 영업소의 외환 실적이 될 수 있는 구조라고 판단됐다. 단, 한 가지 걸림돌이 있었다. 관련 규정상 출장소는 외환거래를 하지 못하도록 돼 있었다.

본사에 "MBC의 외환거래를 기업은행으로 끌어오고 싶은데 출장소 수준으로는 외환거래가 불가능하니 지점으로 전환시켜달라"고 요청했다. 그런데 그게 말처럼 쉽지 않았다. 방송국 내에 들어와 있다는 게 규모를 한정짓는 핸디캡이었다. 그래서 이번에는 외환거래를 승인받는 특별한 방법이 있는지 찾아봤다. 알아보니, 전혀 불가능한 것은 아니었다. 출장소도 '한국은행으로부터 특별승인'을 받으면 외환거래가 가능했다.

"특별승인을 받으면 되는데 왜 안 했지?" 이상하게 생각하면서 본점에 특별승인 신청을 했다. 출장소에서 본점에 신청을 하면, 본점이 한국은행에 승인을 받게 되어 있었다. 그런데 신청하고 한참이 지났는데도 승인 통지를 못 받았다. 이상하게 생각해서 본점의 담당부장에게 전화를 걸어보니, 외환거래 특별승인을 신청한 사실조차 모르고 있었다. 은행 영업점이 돈을 벌기 위해서 '특인(특별승인)'까지 신청했는데 그 서류가 어디에 있는지도 모른 채 세월을 보내고 있다고 생각하니 화가 끓어올랐지만 그 부장에게 빨리 좀 챙겨봐달라고 간곡히 부탁했다. 그 일이 있은 후로 며칠 지나지 않아 우리는 '특인'을 받을 수 있었다. 우리 영업소도 외환 취급이 가능해진 것이다.

한국은행으로부터 외환거래 특별승인을 받은 날, 그 기념으로 무언가 하고 싶었다. 간단하게 페이퍼 한 장을 만들어서 MBC 보도국 행정부장에게 공문을 보냈다. 내용은 '외환 수수료 50% 할인'이었다. 꽤나 파격적인 조건이었다. 이 제안에 MBC 행정부장도 곰곰이 생각하기 시작했다. 당시 MBC는 외환거래를 외환은행 여의도지점과 하고 있었다. 외환거래 금액은 엄청났지만, 외환은행으로부터 단 한 번도 수수료를 할인받은 적이 없었다. 부장으로부터 나에게 직접 전화가 왔다.

"외환거래도 할인이 가능한 건가요?"

"당연하죠. 거래를 하면 은행 입장에서는 일정한 수익이 남는데, 어째서 할인이 불가능하겠습니까? 저희는 아예 절반을 할인해드리겠다는 겁니다."

나와 전화 통화를 하는 동안, MBC 행정부장은 그동안 외환은행으로부터 아무 혜택도 받지 못한 것에 대해 거의 분노에 가까운 반응을 보였다. 그는 통화를 끝내고 외환은행에 서운함을 토로했다. 외환은행도 그제야 부랴부랴 할인을 제의했지만, 그게 오히려 MBC 행정부장을 더 화나게 했다. 당연히 '이렇게 할인이 가능한 것이면, 미리 서비스를 해주는 게 도리'라고 생각한 것이다. 우리에게로 거래 라인을 바꾸는 것은 둘째치고, 이 일을 계기로 그에게는 외환은행과 거래할 마음이 사라지게 됐다.

결국 거래은행을 기업은행으로 바꾸기로 결정이 났다. 그로부터 얼마 후, MBC에 고급 승용차들이 들락날락하는 것을 봤다. 청원경찰들에게 확인해보니 외환은행 고위층이 부랴부랴 방송국에 찾아온 것이었다. 오랫동안 거래를 해왔으니 아는 분들을 만나 통사정을 했지 않았을까 생각했다.

나중에 들은 이야기지만, 관련 책임자 전원이 IBK기업은행으로 거래를 옮겨야 한다고 생각한 것은 아니었다. 일부는 기존 거래를 유지하려 했다고 한다. 상황이 바뀐 것은 MBC 행정부장 덕분이었다. 그는 "외환은행과 거래는 우리에게 득이 될 게 없는 선택"이라며 고집스럽게 기업은행으로 외환거래 이전을 관철시켰다. "회사에 조금이라도 이득이 되는 결정을 하는 것이 본인의 소신"이라는 입장을 견지했던 것이다.

예나 지금이나 실무책임자가 소신이 있어야 한다. MBC에는 실무책임자의 의견이 옳으면 그대로 실행되는 문화가 있었다. 당시 MBC는 프로그램마다 높은 시청률을 기록하며 국민들의 사랑을 받던 때였다. 직원들의 옳은 의견이 반영되는 회사는 발전한다. 반대로 예스맨으로 가득 찬 조직은 엉뚱한 실수를 하다 서서히 몰락해가는 과정을 밟는다는 걸 우리는 역사를 통해 배운다.

출장소이니까 외환은 어쩔 수 없이 포기한다고 생각했다면 엄청난 액수의 외환거래를 우리가 유치할 수 없었을 것이다. 모든 규정은 특별한 경우에는 예외취급이 가능한 길을 열어 두고 있다. 그 길을 찾아보고 필요한 경우 규정도 바꿀 수 있다는 생각을 가져야 세상은 발전한다고 생각한다. 합리적이지만 규정이니까 어쩔 수 없다는 사고를 관료주의라 하고, 그걸 타파해나가야 하는 것이 자유민주주의 시장경제가 지향할 바가 아닌가 싶다. 사실 관련 규정에는 '외환거래는 은행의 지점 이상에서 할 수 있다'로 되어 있을 뿐, '출장소는 외환거래를 할 수 없다'로 적혀 있는 것은 아니다. 안 된다는 규정이 아닌데, 대부분 지레 안 될 거라 생각하고 진행하지 않았다. 규정이라는 것도 사람이 만든 것이다. 일을 잘하기 위해 노력하는데, 왜 방법이 없겠는가? '뜻이 있으면 길이 있다'는 진리는 아무리 세상이 변해도 바뀌지 않는다.

마음을 얻으려면 시대적인 필요를 파악하라

목포 시금고 계약 연장 미션

• 기업은행 목포지점은 시(市)의 금고를 관리하는 곳이다. 목포시의 자금을 관리하는 은행이었던 것이다. 공교롭게도 내가 목포지점 지점장으로 발령받은 날은 고(故) 김대중 대통령 취임일이었다. 또, IMF 외환위기가 막 불어닥친 시기이기도 했다. 이 소식을 듣고, 서울 MBC 영업점 시절 친하게 지낸 MBC 감사님이 목포시장에게 "내 동생이나 마찬가지니까 잘 봐주라"고 전화를 걸어주셨다. 당시 목포시장은 목포 MBC 사주를 지내셨던 분이라 MBC 본사 임원들과도 잘 아시는 사이였다. 시작부터 감이 좋았다. '이렇게 든든하게 받쳐주는 분도 계시니 잘되겠지' 하는 생각으로 목포지점 지점장으로 부임하게 됐다.

그런데 막상 목포에 가보니 상황이 그리 밝지만은 않았다. 부임 첫날 바로 목포시장을 찾아가 인사를 드렸다. 내심 덕담을 기대했는데 기대와는 달리 "앞으로는 시금고를 계속 기업은행에 준다는 보장이 없다"고 하시는 것이었다. 그나마 시장은 말씀은 그렇게 하셨지만 표정은 온화해 보였다. 반면 부시장은 찬바람이 쌩쌩 부는 분위기였다. '시금고' 재계약을 불과 수개월 앞둔 시점이었다. 나에게는 청천벽력 같은 소리였다. 마치 누가 쳐놓은 덫에 걸린 느낌이었다.

'내가 왜 이곳으로 온 거지?' 위기는 위기이고, 현실은 현실이었다. 이런 문제가 생긴 이유를 먼저 알아야 했다. 주변 사람들을 시켜 그 이유를 수소문해보니, 지방은행인 광주은행이 시금고 유치를 위해 오랫동안 공을 들여왔다고 했다. '지방은행을 두고 왜 기업은행에 시금고를 맡기나?' 이런 정서가 형성되어 있었다. 어찌 보면 당연한 생각일지도 모른다. 지역사회는 지역사회다. 우리는 지점장이 방어를 하는데, 광주은행은 은행장이 유치활동을 벌인다는 소문도 있었다.

돌아가는 분위기를 보아하니, 자칫하면 광주은행에게 시금고를 빼앗길 판이었다. 매우 심각한 문제가 아닐 수 없었다. 기업은행이 관리하는 시금고가 전국에 두 개뿐인데, 그중 하나인 목포시금고가 날아갈 수도 있는 상황이었다. 거기에다 이전 지점장까지 잘 지키던 시금고를 내가 부임한 뒤 뺏긴다면…. 은행뿐 아니라 내게도 엄청난 악재임에 분명했다. 다른 것은 몰라도 시금고만큼은 반드시 지켜내야 한다는 생각만 들었다.

그러나 좋은 방법이 이내 떠오르지 않았다. 눈에 보이는 '쇠로 만든' 금고라면 무작정 지킬 텐데, 이미 돌아선 목포시의 마음을 어찌할 도리가 없었다. 다만, 목포의 시금고인 기업은행이 목포를 위해 얼마나 열심히 일하고 있는지 보여줄 필요는 있었다. 지역사회의 정서를 이겨낼 만한, 목포 시민으로부터 사랑받을 수 있는 아이디어가 필요했다.

당시는 IMF 외환위기로 국가, 기업, 소비자 등 모든 경제주체가 극심한 어려움을 겪고 있었다. 중소기업들, 특히 골목상권의 영세기업들은 생사의 기로에 서 있었던 때였다. 그들에게 도움이 될 만한 프로그램이 필요했다. 일단, 목포 MBC를 찾아갔다. 내 인맥이 닿을 수 있는 거의 유일한 곳이기도 했지만, 그곳에 가면 뭔가 실마리가 잡힐 것 같았다.

목포 MBC 사장을 찾아가 "목포시민이 IMF 외환위기를 잘 넘기려면 '정보'가 필요하지 않겠느냐?"고 물었다. 그는 당연한 이야기라고 고개를 끄덕였다. 긍정적인 분위기라 파악되자, 이번에는 "기업은행과 목포 MBC가 '위기극복 세미나'를 열자"고 건의했다. 경제전문가와 목포 지역민들이 모여서 허심탄회하게 이야기를 나누고 돌파구를 찾는 방송을 만들자는 것이었다. 당시 시대 상황에 잘 맞고, 취지도 좋으며, 기업은행에서 후원하는 행사이니 목포 MBC에서 마다할 이유가 없었다.

"그런 제안이라면 얼마든지 수용할 수 있습니다."

그는 시원스럽게 내 제안을 받아들였다. 그렇게 경제 위기 극복을 위한 특별 세미나가 마련됐고, 이를 목포 MBC가 중계하게 됐다.

불리할 때
승부의 여지가 있다

시금고 계약 기간을 2배로 늘리다

경제위기 극복을 위한 특별 방송은 기업은행과 목포시청, MBC의 공동주최로 진행됐다. 목포시가 참여했고, 지역의 기업인들과 시민들이 몰려들었다. 스튜디오가 가득 찼다. 당시는 그만큼 온 국민이 절박했다. 결과는 성공적이었다. 이 세미나는 목포 MBC 자체 제작 프로그램 기준으로는 상당히 높은 시청률을 기록했다.

신용보증기금 목포지점장이 나와서 어려운 기업을 위해 어떻게 신용보증을 해주는지, IMF 외환위기라는 국난을 맞아 특별히 추진되고 있는 신용보증 특별프로그램에 대해 상세하게 설명했다. 당시 나도 강사로 나섰다. 기업은행이 어려운 중소기업을 위해 어떤 대출상품을 판매하고 있으며 불경기에 기업경영을 어떻게 해서 난국을 극복하는 게 좋은지 등에 대해 사례를 곁들여가면서 설명했다. 사상초유의 어려움을 겪고 있는 기업인, 소상공인에게 유용한 정보일 수밖에 없었다. 이들은 돈이 필요했고, 이 자금을 융자받을 수 있게 하는 것이 우리의 취지였다. 세미나가 성공적으로 끝을 맺자, 목포시장이 감사의 축사를 했음은 당연한 일이었다.

시장도 만족하고 참석자도 만족하고 강사도 만족하는 세미나가 끝난 후, IBK기업은행은 목포에서 한 차원 다른 이미지를 만들어냈다. "와! 기업은행은 다르구나!" 하는 이미지가 필요하던 터에, 좋은 터닝 포인트가 됐다. 시장이 흡족해한 것은 말할 것도 없고, 이 행사를 기획하고 프로그램에 직접 참여한 나는 방송이 끝나자마자 유명인이 되었다. 동시에 기업은행은 '지역과 함께한다'는 이미지를 얻었다. 이런 분위기 때문에 광주은행을 밀어주던 목포 지역 언론사 기자들도 더 이상 기업은행에 대해 부정적인 기사를 쓰지 못했다.

시금고 계약 기간을 1년에서 2년으로

목포 주민의 민심을 잡고 언론사 기자들의 부정적인 태도를 잡았지만, 그것으로 모든 게 해결된 것은 아니었다. 시금고 은행의 주요 이해관계자인 시의회 의원들을 설득하는 것이 그 다음 관문이었다. 나는 시의회 의원들에게 일일이 찾아가 인사를 했다. 기업은행이 얼마나 많은 목포의 중소기업에 대출을 했는지, 기업은행이 얼마나 안전한 은행인지 등을 설명하고 이해와 협조를 구했다. 그렇게 몇 달이 지나자 시 의원들도 기업은행에 협조적인 태도로 바뀌었다.

남은 마지막 코스는 목포시장. 어렵게 약속을 잡아서 시청에 찾아갔다. 이제껏 그래온 것처럼 기업은행의 강점을 말하며 재계약을 권유해야 하는 자리였다. 그러나 나는 뜻밖의 문제점을 지적하고 나섰다.

"다른 시에서는 시금고 은행 계약 기간이 3년인데, 목포시는 1년으로 되어 있습니다. 바람직하지 않다고 생각합니다."

예상치 못한 나의 발언에 시장은 당황하는 빛이 역력했다. 시금고를 연장해달라고 부탁할 줄 알았던 사람이 강하게 나오니 놀랄 수밖에 없었을 것이다. 그렇긴 해도, 나의 말은 틀린 게 아니었다. 시금고 은행 교체 주기가 1년이면, 해당 은행은 경쟁 은행을 의식하며 매 해를 조마조마하게 보내야 한다. 그러다 보면 규모 있는 운영이 힘들다. 그래서 다른 시는 계약 기간이 3년이고, 목포시도 계약 기간을 늘려야 한다는 말을 전한 것이다.

물론 시금고 계약 기간을 늘리는 것은 시장이 혼자 결정할 수 있는 문제가 아니다. 시의회의 조례개정이 필요하다. 그 사실 역시 알고 있었지만, 우선 시장에게 계약 기간이 가져오는 의미를 알려주고 싶어서 그렇게 말했다.

다행히 나의 공격적인 이야기는 효과가 있었다. 대화가 심도 있게 흘러가자 시장도 이에 동의하고, "시의회는 제가 알아서 협조를 구하겠다"라고 답했다. 이제 시장도 '굳이 기업은행에서 광주은행으로 바꾸어야 하는 이유'를 설명할 수 없는 입장이 되었다. 이렇게 우리는 계약 연장에 성공했다. 계약 기간도 1년 더 늘어난 2년이었다. 1년 계약도 어려운 상황에서 '연장계약 2년'의 성과를 얻어낸 것이다. 혹시라도 일이 잘못될까 궁금해하던 본점은 그야말로 낭보를 접하게 된 것이다. 회사의 반응도 기분 좋았지만, 개인적으로도 정말 성취감을 느낀 순간이었다.

모든 민심이 지역 은행으로 향하고 있을 때 시금고를 지키는 일이 쉬운 것은 아니었다. 처음에는 나조차 도무지 풀 수 없는 문제처럼 보였다. 그러나 세상에 이룰 수 없는 일은 없다.

절대적으로 불리할 때 오히려 승부를 걸 만한 '여지'가 보인다.

내가 선택한 방법은 기업은행이 시금고 은행으로 선정되게 해달라고 사정한 게 아니었다. 세미나를 개최하고, 기자간담회를 열고, 목포지역 중소기업을 위해 애쓰다 보니 기업은행 목포지점이 지역을 위하는 은행으로 인정받게 됐다. 그러다 보니 시금고를 담당할 만한 명분이 생겼다.

부행장이 된 뒤, 목포지점장이 새로 부임하면 "시금고 뺏기면 목포 앞바다에 빠져 죽어라"고 늘 이야기해왔다. 내가 생각해도 지나치게 센 발언이다. 나도 쉽지 않은 과정을 거쳐 지켜냈으니, 그만큼 각오를 단단히 해야 한다는 이야기다. 이런 책임감과 '내 사업'이라는 생각이 있다면, 누가 쉽게 시금고 은행을 바꾸려고 할 것인가?

획기적인 아이디어가 세상을 바꾼다

중소기업 대출을 늘리기 위해 증자를 요청하다

• 2008년 말, 미국에서 서브프라임 모기지 사태가 터지면서 글로벌 경제는 위기를 맞았다. 미국의 초대형 모기지론 대부업체들이 파산하면서 시작된 경제 위기는, 전 세계 금융기관을 흔들어놨다. 우리나라 은행도 예외는 아니어서, 대출을 최대한 자제하는 게 유일한 해법이라고 생각했다. 전형적인 신용경색 위기였던 셈이다.

기업은 경기가 좋지 않으면 매출이 줄고 돈이 돌지 않는다. 이익은 줄어들지만 구조조정을 하지 않으면 지출은 그대로이거나 금리인상 때문에 오히려 늘어난다. 돈이 더 필요해진다. 그런데 일반적으로, 시중은행은 경제가 어려워지면 중소기업에 대출을 해주지 않으려 한다. 대출 절차를 더 복잡하게 만들어서 자금이 밖으로 나가는 것을 막으려는 것이다. 신용보증기금의 신용보증서를 끊는 일도 힘들어지고, 담보가 있어도 아주 보수적으로 대출을 진행한다. 기업은 돈이 더 필요해질 때, 은행은 대출을 줄이는 셈이다. 모든 은행이 문턱을 높여버리면 당장 돈이 필요한 중소기업은 자금 문제로 어려움을 겪을 수밖에 없다. 사업을 하지 말라는 이야기나 다르지 않다. 그러니 어느 은행이든 자금이 필요한 중소기업을 지원하는 어려운 역할을 해줘야 한다.

이럴 때 나선 은행이 바로 기업은행이다. 은행이라고 해서 대출을 해주고 싶은 대로 무제한 할 수 있는 것은 아니다. BIS비율(국제결제은행이 제시한 은행의 자기자본비율)로 인해 자본금이 부족하면 대출을 할 수 없는 지경에 이른다. 이처럼 위기에 중소기업 대출을 늘리려면 더 많은 자본금을 확충해두어야 한다.

어느 날 저녁에 공무원들과 이야기하던 중 경제위기를 걱정하며 중소기업에 대한 이야기를 했다. 그때 번뜩 든 생각이 증자를 더 받자는 것이었다. 바로 은행장님께 증자요청을 하자고 말씀드렸다. "증자요청을 하지 않아서 중기 대출을 늘릴 수 없는 형편이 되면 은행이 책임을 져야 하고, 증자요청을 했는데 안 해줬다면 정부가 책임을 져야 하는 일이다"라는 말을 덧붙였다. 은행장님과 의논 끝에 1조 원을 증자요청하기로 했다.

증자요청을 하겠다는 결정을 하고 난 뒤에는 그야말로 전광석화처럼 움직였다. 은행장님은 윗선을 담당하셨고, 나는 실무담당자들을 만났다. 그러나 취지가 좋다고 해서, 정부가 바로 증자를 해줄 수 없다. 정부도 재원이 있어야 증자를 하고, 국회의 동의도 받아야 한다. 이게 냉혹한 현실이다. 이 현실은 중소기업 지원을 위해 기업은행의 자본금을 늘려줘야 한다는 명분보다 훨씬 중요한 요소인 것이다.

나는 기업은행을 관리하는 금융위원회에 증자를 요청했다. 예상은 하고 있었지만, 금융위원회 담당자의 반응은 역시 차가웠다. '경제가 어려워지면 신용보증기금에 증자를 해서 신용보증을 늘려야지, 왜 기업은행에 증자를 하느냐'는 논리였다. 전적으로 틀린 말도 아니다. 그러나 자세히 들여다 보면 허점이 있는 말이다.

경제가 어려운데 신용대출을 안 해주면 보증서를 받을 수 없는 기업의 자금부족은 해결할 수 없다. 수많은 기업이 어려워지는 상황에서 기업은행이 대출을 못하게 되면 증자를 안 해 준 정부가 책임을 져야 한다는 책임론을 들먹이면서 증자의 필요성을 강조했다. 들어보면 맞는 이야기이지 않은가? 워낙 이해력이 빠른 사람들이라 이야기를 길게 할 필요도 없었다. 20분 정도 더 이야기한 후, "기업은행 증자를 위해 적극적으로 돕겠다"고 결론을 내주었다.

지금도 여전히 공무원을 폄하하는 분위기가 우리 사회에 있지만, 나는 개인적으로 우리나라 공무원들처럼 능력 있고 열심히 일하는 공무원들도 없다고 생각한다. 공무원들이 잘못하게 만드는 건 외부의 쓸데없는 간섭과 원칙 없는 인사라고 나는 단언한다. 대부분 공무원들은 국가와 국민을 위해 열심히 일할 각오가 되어 있다. 내 경험으로는 분명 그랬다.

기업은행의 증자요청 이후 산업은행도 증자를 받게 되고, 전체적인 분위기가 중기대출을 늘려야 한다는 공감대가 형성되면서 1조 원 외에 3,000억 원을 추가로 받게 되어 결국 1조 3,000억 원의 증자를 받았다. 증자는 현금으로 받을 수도 있고 정부가 보유 중인 주식으로도 받을 수 있다. 주식으로 받는 경우에는 좋은 주식을 받아야 시세차익을 노릴 수 있다. 담당자들과 함께 정부 보유주식 중에서 제일 가치가 높은 주식을 찾았다. 우리가 달란다고 다 주는 건 아니겠지만 정부가 보유중인 '신세계' 주식과 '인천공항' 주식을 달라고 요청했다. '인천공항' 주식은 국토교통부 소관 사항이라 국토교통부 책임자까지 찾아갔으나 못 받았다. 대신 '신세계'와 '도로공사' 주식을 출자 받았다.

IMF 외환위기 때도, 서브프라임 때도 자본금 증자를 받았고 그만큼 중기대출을 획기적으로 늘려나갔다. 기업은행은 위기일수록 더 많이 대출을 늘렸다. 어느 해에는 중소기업 대출 순증의 80%까지 기업은행이 담당했다. 그 대출로 인해 많은 기업들이 위기를 벗어났고 우리 경제를 회복시킬 수 있었다.

경제위기 때마다 우리나라 경제가 예상보다 빨리 선순환 구조로 턴어라운드하는 데에는, 금융이 경색되었을 때 기업을 살려야 한다며 오히려 대출을 늘린 열린 사고도 한몫했다고 생각한다. 다른 많은 사람들도 인정하는 부분이다. 세상은 공공이 살 수 있는 결정을 통해 변화하고 발전한다는 사실을 잊어서는 안 된다.

'금융위기가 닥치면 중소기업들은 어떻게 되고 기업은행은 어떤 준비를 해야 하는가?' '그 과정에서 이해관계자는 누구이고 의사결정자는 누구인가?' '국회는 증자의 대가로 무엇을 요구할 것인가?' 등 현실적인 고민들을 먼저 인식하고 하나씩 풀어나가야 하는 것이다.

제일 좋은 방법은 직접 해보는 것이다

현장에서 얻을 수 있는 것들

진행해야 할 프로젝트가 정해지고 계획이 끝나면 목표가 정해진다. 기존에 해본 업무이거나 그렇지 않더라도 사업이 간단하면 큰 문제가 없지만, 이 세상에 아직 없는 새로운 프로젝트이거나 규모가 클 경우에는 어디서부터 시작해야 할지 난감해지기 마련이다.

이때 좋은 방법은 실제 현장에서 가능한지 시범적으로 해보는 것이다. 그게 현실주의자가 되는 방법이다. '언젠가 석방되겠지. 그런데 그렇게 되려면 오늘 뭘 해야 하는가?' '고문을 시작하면 처음에는 어떻게 하고 중간쯤에는 어떻게 하고 마지막에는 어디까지 양보할 것인가?'…. 이렇게 함으로써 현실주의자가 되고, 그런 현실주의자들이 결국 오랜 포로생활을 끝내고 석방될 수 있었으니 말이다.

거창한 목표를 세우고 전국적으로 시행한 사업들이라 하더라도, 아이디어 단계를 벗어나지 못하고 아무 실적 없이 끝나버린 경우가 많이 있지 않은가?

소위 '사자방'(4대강, 자원외교, 방위사업) 비리만 해도 현장에서 확인해보지 않고 책상에서 낸 아이디어를 전면 시행하다 생긴 일들이 아닌가 생각한다. 개인적으로 4대강 사업은 아예 시작하지 말았어야 한다고 생각하지만, 굳이 해야 했다면 처음에 강 하나를 골라 시범 사업을 해봤어야 했다. 이 강을 세월을 두고 검증해서 문제가 없을 때 4대강으로 확대해서 시행했다면, 지금 거론되는 이런저런 문제점들을 미리 개선할 수 있지 않았을까 하는 아쉬움이 있다. 자원외교도 마찬가지다. 제일 가능성 높은 곳에 투자해보면서 시행착오를 거치고 경험을 축적해서 늘려나갔으면 국제적인 망신을 당하는 일은 없었을 것 아닌가?

내가 이런 아이디어를 가지고 있는데, 이걸 사업화해보려면 어떤 문제점들이 있을까? 그걸 풀어나가려면 어떻게 해야 할까? 이걸 알아내는 유일한 방법은 실제로 해보는 것이다. 특히나 많은 지점을 가지고 있는 은행 같은 기관은 새로운 사업을 시작할 때 한 점포를 골라 실제로 해보고 전 지점으로 확산하는 것이 매우 효율적인 업무처리 방법이다.

나는 내가 기획하고 실행한 모든 프로젝트에서 이 전법을 구사했다. 네트워크론을 정착시킬 때도 그랬고, 지점 고객들의 대기시간을 단축시키기 위한 퀵서비스 시스템을 만들 때도 그랬으며, 중소기업의 재고관리를 위해 SCM 시스템을 확대시킬 때도 그랬다. 이처럼 신생 프로젝트가 정착하기 위해서는 하나의 모범사례가 큰 역할을 한다.

왜냐하면 이 세상 모든 솔루션은 책상머리에서 나오는 아이디어만 갖고는 나오지 않기 때문이다. 책 역시 깨달음과 힌트는 줄지언정 '성공'을 담보하는 것은 아니다. 답은 현장에 있으며, 그 답을 얻기 위해서는 현장에서 부딪혀야 한다. 그것 말고는 답이 없기 때문이다.

예컨대 창구 대기시간 단축 시스템 개선 과업을 진행할 때, 창구 대기시간이 긴 점포를 찾아내 그곳에서 상주하며 실태를 정확하게 파악했고 해결책을 찾아냈다. 이 성공사례를 바탕으로 퀵서비스 시스템을 만들었으며, 그 시스템을 전 지점에 확대 적용했다. 새로 만들어진 모든 점포에 100% 맞아떨어지진 않았지만 대부분 만족했다. 이 정도 되면 프로젝트가 성공적으로 마무리되는 셈이다.

SCM 시스템을 확대시킬 때 역시 마찬가지였다. 우선 대상이 될 만한 좋은 기업을 물색하던 중 IT관련 부품생산업체 아성프라텍이란 회사를 찾아냈고, 협조를 구해 SCM 시스템을 적용시켰다. 그 결과 이 회사는 불과 1년 만에 이익을 10배나 늘렸다. 우리는 이 성공사례를 보고서로 만들어서 산업자원부에 알렸고, 30억 원이라는 예산을 받아서 SCM 시스템 사업을 전국 100여 개 회사로 확대 진행했다. 하나의 회사에서 시작한 사업이 전국 단위 사업으로 본격화된 것이다.

네트워크론 사업도 마찬가지였다. 분명 기가 막힌 상품인데도 2,000억 원 정도 팔리고 나니 더 늘어나지 않았다. 왜 그럴까? 대개의 경우 이런 상황이라면, 상품판매 독려문서를 보내서 지점 직원들을 들들 볶는다. "실적이 안 좋다. 부진 사유를 보고해라." 이렇게 되면 지점 직원 입장에서 들볶이는 상품이 한두 개가 아니게 된다. 이럴 때 지점직원들이 하는 소리는 "본점, 너희가 와서 해봐라. 그렇게 잘났으면…"이다.

'왜?'를 찾는 제일 좋은 방법은 실제로 지점에 나가서 해보는 것이다. 나는 이전에 평촌지점장을 지냈으니, 우선 편한 대로 평촌지점을 찾았다. 이미 본점에서 네트워크론 융자대상자 명단을 지점별로 보내주었으니, 이 업체들에게 네트워크론에 대해 충분하게 설명은 되었는지, 업체는 이해하고 있는지, 이해하고 있는데도 대출을 안 쓴다면 그 이유는 무엇인지 확인해보면 될 일이었다.

지점장에게 몇 개 업체나 설명을 했는지 물었다. 직답을 못 해서 차장을 불렀다. 차장도 몇 개 업체에 연락하고는 그만 둔 것으로 보였다. 이미 지점장으로 근무했던 곳이라 그 지역 업체 사장들은 대개 잘 알고 있었다. 나는 그분들에게 직접 연락을 해서 네트워크론에 대해 설명을 하고 대출의사를 물었다. "그런 상품이라면 쓰겠다"는 답변이 많았다. 적어도 대상 업체의 80% 이상은 쓰겠다고 나섰다. 네트워크론 판매 부진의 문제는 지점에서 상품 내용을 설명해보지도 않은 데 있었다.

이렇듯 문제가 무엇인지 확인하면 일은 쉬워진다. 문제를 파악했으니, 그다음 순서는 지역본부별로 교육 일정을 잡는 것이었다. 그들에게 평촌지점 사례를 설명하고 지점장들이 직접 업체 대표와 상담할 것을 당부했다. '대출 상품이 복잡해서 더 이상 팔리기 어렵다'던 네트워크론과 메디컬 네트워크론은 이런 노력 끝에 약정액 기준으로 2조 3,000억 원 이상 팔릴 수 있었다.

현장에서 어떻게 일이 진행되고 있는지를 모른다면, 아무리 좋은 아이디어나 상품도 빛을 보지 못하고 끝날 수밖에 없다. 좋은 상품을 만들었는데 안 팔리면 지점 직원 탓이 아니다.

각론을 모르고 총론만 갖고 이야기하면 일은 진행되지 않는다. 왜냐하면 악마는 각론, 디테일에 숨어 있기 때문이다. 내가 정말 좋은 상품을 만들면, 은행 전 직원이 '와, 좋다!' 하면서 긍정해주고 열심히 팔아준다고 생각하면 오산이다. 내부를 들여다 보면 내 경쟁자들은 오히려 '저 상품 실패할 거야', 혹은 '실패했으면 좋겠다'고 생각할 수도 있다. 모든 회사의 사정이 다 그렇다.

전국 지점장이 다 모이는 연초 워크숍에서 기업고객본부 업무계획을 설명하고 내려오자 대부분의 사람들은 좋은 상품이라고 칭찬했지만, 어떤 사람들은 "1,000억 원 정도는 팔리겠네" 하면서 시큰둥해했다. 이런 사람들은 '왜 팔 수 없는가'에 대한 이유를 만드느라 시간을 낭비한다. 이런 사람들을 적극적인 마케터로 변화시키려면 성공사례를 보여줘야 한다. '이러다 나만 뒤떨어지고 망신당할 수도 있겠구나' 하는 생각을 갖게 만들어줘야 하는 것이다.

기업은행에도 수십억 팔리다 만 상품들도 많았으니, 그렇게 소극적으로 나서는 사람들을 나쁘게 볼 것만은 아니다. 그러나 본부 책상에서 생각하는 것보다 현장에 가 보면 훨씬 더 많은 장애물, 넘어야 할 산이 많은 걸 알 수 있다.

현실을 모르고 이상만 가졌다면, 절대로 성공할 수 없다. 그래서 스톡데일 패러독스라는 말이 생겨났을 것이다. 사람들이 사업을 이해하고 참여하는 데에는 백 마디 말보다, 두꺼운 계획서보다, 실제로 검증된 한 번의 사례가 주는 효과가 훨씬 크다.

현실주의자는
현장 직원의 마음을 읽는다

고참 여직원의 마음을 사다

• '고객들의 대기시간 단축 프로젝트'를 성공적으로 이끌기 위해 수색지점에 파견 나가 실태를 파악하고 해결책을 강구하던 시기에 있었던 일이다. 수색지점의 평균 창구 대기시간은 10분에 이를 정도로 길고 길었다. 점포 안 고객들은 짜증난 얼굴이었고, 창구직원들 역시 지친 표정으로 일하고 있었다. 그런 상황에서 내가 본사 감시관 모습으로 등장했으니, 창구직원들 입장에서는 내가 참 미웠을 것이다.

이런 상황에서 눈치 없게도 그들이 싫어할 만한 행동을 많이 했다. 창구 뒤편에 서서 초시계를 들고 대기시간을 체크했으며, 특정 고객과 상담 시간이 길어질 때마다 직원에게 다가가서 이유를 따지곤 했다. 수색지점 창구 직원들은 질렸다는 표정으로 나를 바라보았고, 어떤 직원은 아예 노골적으로 반감을 드러내기도 했다.

이런 분위기에서는 성공적인 결과를 낼 수 없을 것 같았다. 무슨 일을 하든지 성과는 함께 만들어야 한다. '내가 좀 심했다'는 반성과 함께, '대기시간 단축'이라는 과제는 일단 뒤로 물려놓고 직원들을 설득하기 시작했다.

시간이 허락할 때마다 지점 직원들과 식사를 같이 하면서 '대기시간 단축의 필요성'에 대해 설명하고 양해를 구했다. 3개월 업무추진비 500만 원을 아낌없이 썼다. 물론 내용 없이 어울리기만 한 것은 아니었다. 그들의 마음을 열기 위해 가슴을 열고 대화를 나눴다. 그러자 그들도 솔직한 이야기를 해주었다. 대기시간 단축이 "고객 서비스를 향상시킨다는 본점의 취지와 달리 업무량만 늘릴 것"이라는 직원들의 항변도 경청했다. 나는 "좀 길게 보자"고 설득했다. 이 작업을 통해 근무여건이 효율적으로 바뀌면 자연스레 업무도 수월해질 것이라는 게 내 논리였다. 그저 직원들 듣기 좋으라고 하는 소리가 아니었다. 나는 실제 그렇게 생각하고 있었고, 그렇게 만들 자신이 있었다.

내가 인간적으로 접근하기 시작하자, 수색지점 직원들도 하나둘 나를 따르기 시작했다. 어차피 수색지점에 있어봐야 3개월이었고, 실제 만나서 대화를 나눠보니 '이야기가 통하는 사람'이라는 인식이 생긴 것이다. 그렇다고 모두 나에게 우호적으로 돌아선 것은 아니었다. 그 지점에서 가장 오래 근무한 선임 창구 직원이 끝까지 비협조적인 자세로 일관했다. 그는 내 질문에 단답식 대답만 했고, 나에게 인사도 건네지 않았다. 분명 무슨 이유가 있을 것이라 생각했다. 그를 아우르기로 했다. 혼내고 따질 일이 아니었다. 사업이 이루어지려면 한 사람이라도 불만이 있으면 안 된다는 게 나의 생각이었다.

하루는 그와 가깝게 지내는 동료에게 "혹시 선임에게 내가 모르는 속사정이 있는가?" 하고 넌지시 물어보았다. 아니나 다를까. 나와 대화를 나누던 직원은 선임이 부정적인 사고를 하는 이유가 따로 있다고 말해주었다. 내용인즉, '그즈음 사귀는 남자친구와 사이가 벌어져 스트레스가 심하다'는 것이었다. 그 이야기를 들으니 속이 후련했다. 관계를 풀어내는 방법도 생각해냈다.

다음 날, 마음을 담은 선물을 그 직원에게 전해주면서 "선임이 도와주지 않으면 이 일은 성공할 수 없다. 도와달라"고 간곡히 부탁을 했다. 단순히 환심을 사려고 선물한 게 아니었다. 대의를 이루기 위해서였다. 고객 대기시간 단축은 절대로 한두 사람이 할 수 없다. 마지막 한 사람의 마음까지 모아야 한다. 창구에서 선임의 역할이 얼마나 중요한지는 두 번 말할 필요도 없다. 진심은 통하는 법이다. 그 선임은 완전히 다른 사람으로 바뀌었다. 이전처럼 딴죽걸기는커녕 언제 그랬냐는 듯 고객 대기시간 단축 프로젝트에 앞장섰다.

지점 직원들과 한마음으로 노력한 결과는 예상을 뛰어넘었다. 3개월의 현장근무를 마무리하고 본점으로 돌아올 무렵 수색지점의 고객 창구 대기시간은 3분대로 줄어 있었다.

구조 속을 들여다 보면 답이 보인다

중소기업 대출이 부실해지는 냉혹한 현실

• 기업고객부장을 할 때 일이다. 경기가 안 좋아지면 기업은행의 대출 연체비율이 제일 높아진다. 중소기업 대출을 열심히 하다 보니 당연한 것이라고 생각할지 모르지만, 나는 그렇게 보지 않았다. 원인을 찾기 위해 중소기업 대출 평가지표를 살펴보았다. 지점장들에게 제일 중요한 건 지점의 경영평가지표이니 그걸 들여다본 것이다.

기존의 평가지표도 우량기업 유치를 유도하기 위해 신용등급이 높은 기업을 유치하면 가점을 주는 제도를 담고 있었다. 예를 들면 AAA등급 이상인 경우 유치금액에 200%를 실적으로 인정하고 B등급 이하인 경우는 50%만 실적으로 인정해줌으로써 우량업체 유치에 더 노력하도록 만들어놓은 것이었다. 얼른 보면 굉장히 잘 만들어진 지표다.

그러나 지점장의 입장에서 생각해보자. 중소기업 대출 순증 목표를 100억 원으로 받았다 치자. B등급 이하 기업을 유치하려고 200억 원을 늘리면 100% 목표 달성이 되는 것이다. AAA등급 이상으로 늘리려면 50억 원만 유치하면 되는 것이다. 문제는 'AAA등급 50억 원 늘리는 것과 B등급 이하로 200억 원 늘리는 것 중 어느 것이 달성하기 쉬울까?'다. 정확하게 계량하기 어렵지만 내 감으로는 AAA등급으로 50억 원 늘리는 것이 훨씬 어렵다.

그래서 지점장들은 B등급 이하로 200억 원을 늘린다. 그러다 경기가 안 좋아지면 부실화되는 것이다. 이런 평가지표로 영업점 경영평가를 하다 보면 부실을 막을 수 없겠구나 생각했다. 기업은행이 모든 대출을 우량기업에만 할 수 없다. 그래서 생각해낸 아이디어가 신용등급별로 가중치를 두되 신용등급이 낮은 업체의 실적은 아무리 많이 늘려도 일정금액을 초과하면 실적으로 인정해주지 않기로 지표를 바꾸자는 내용의 보고를 기업고객본부장에게 제출했다. 기업고객본부의 중기대출목표가 총량으로 주어졌기 때문에 낮은 신용등급에 대한 대출을 실적으로 인정해주지 않으면 목표달성이 어려울 수 있음에도 불구하고, 평가지표 개정에 선뜻 동의해주셨다. 목표도 벌크로 얼마를 주는 게 아니고 등급별 목표를 주었음은 물론이다. 이 지표 하나를 바꿈으로써 이후 기업은행의 중기 대출 연체비율은 시중은행보다 낮아졌다. 당시 기업고객본부장의 현명한 결단이 있었기에 기업은행이 반복되는 높은 연체비율의 악순환에서 벗어날 수 있었던 것이다.

전국 점포를 돌아다니며 '우량대출로 늘리라'고 독려하면서 스스로 열심히 한다고 만족할지 모르지만, 효과는 구조를 들여다보고 경영평가지표 하나 바꾸는 게 훨씬 크다. 국가적으로 어려운 문제들이 산적해 있는데 이런 식으로 스마트하게 일하는 고위공직자나 정치인을 보고 싶다.

아주 작은 것 하나로도 사업은 무산된다

크리티컬 포인트를 잘 알아야 성공

• 가정주부는 일주일에 몇 번은 마트에 간다. 어차피 마트 갈 때 은행일도 보면 좋지 않을까?

이런 생각으로 자료를 찾아보니 월마트와 웰스파고 등이 이러한 제휴 비즈니스를 시작해 성공한 사례가 있었다. '일단 두드려보자'라고 생각하고 대형마트와 접촉해봤다. 이때 한 대형업체가 준비된 것처럼 적극적인 반응을 보였다. 아마 영국에 있는 모기업이 로열뱅크 오브 스코틀랜드와 제휴해서 이미 비즈니스를 하고 있었기 때문이었을 것이다.

마트에 기업은행 지점이 입점하면 은행도 좋고 마트도 좋은 상생이 될 걸로 보고 일을 진행했다. 점포의 규모와 수수료율을 정해서 이익을 공유하고, 새로운 비즈니스모델로 키워보자고 의기투합한 것이다. 내부 보고를 드렸을 때 반응도 아주 좋았다. 사업의 중요한 내용은 합의가 다 되었다. 나는 '또 하나의 새 사업을 추진하게 되는구나. 새로운 금융역사를 쓰게 되는구나' 하는 생각으로 들떠 있었다.

이제 점포를 정해서 운영해보는 단계까지 갔다. 마트마다 매장 위치를 미리 정한 것은 아니었지만 은행영업이 가능한 좋은 위치로 합의를 해두었다. 이제 정식계약을 하기 위해서는 점포별로 매장위치를 확정할 단계가 남아 마트 측에 해당 자료를 요청했다. 거의 모든 부분이 조율되었다고 생각했으나 제출된 자료의 점포별 매장위치는 당초에 포괄적으로 정해놓은 기준에 한참 미달했다. 몇 번에 걸쳐 책임자들끼리 만나 의견을 조율하고 우리 입장을 반영하기 위해 애썼으나 결국은 성사되지 않았다. 프로젝트를 론칭하고 성공시키는 것도 중요한 일이지만, 우리 쪽 사업이 성공하기 어렵다면 중간에 포기하는 것도 중요하다.

'제휴사업'이라는 건 상생의 기조에서 진행되어야 하지, 한쪽이 자기 이익만을 추구하려들면 성공할 수 없다고 생각한다. 우리와의 협상파트너는 우리 입장을 충분히 이해하는 듯했으나 자기 회사에서 우리 입장을 대변하기 어려웠던 것으로 기억한다. 결국 우리는 오랜 시간 고민한 끝에 중간에 사업을 포기하기로 마음먹었다. 상대방에게 포기결정을 통보한 뒤, 이 사업에 대해서는 잊어버리기로 했다.

그런데 그 업무를 그만두고 한참 지나 우리가 추진했던 대형마트에 하나은행이 대신 들어갔다는 연락을 받았다. 놓친 고기가 커 보인다고 했던가. 많이 아쉬웠다. '그런 조건이라면 성공하기 어려울 텐데' 하는 마음도 있었지만, '하나은행이 성공해서 우리가 바보 되는 거 아닌가?' 하는 생각도 있었다. 결국은 그 은행도 실패하고 점포를 철수한 것으로 알고 있다.

총론을 정한 뒤 각론을 정하는 순서로 일을 진행하다 보니 틀어진 경우다. 차라리 점포별 매장 위치를 확정하고 난 뒤에 총론을 결정하는 순서로 진행했어야 했던 일이다. 우리뿐만 아니라 경쟁 은행도 실패하고 난 뒤 복기해보니 '마트 내 매장별로 얼마나 많은 이해관계가 얽혀 있고 그에 따른 역학관계가 있었을까' 하는 생각이 들었다. 우리가 간과했던 부분이다.

설령 아주 조그만 것이라도, 우리가 간과한 것 하나가 일 전체를 망가뜨리는 일은 얼마든지 일어날 수 있다. 꿈도 좋고 비전도 좋지만 현실에 있는 작은 디테일을 간과하면 꿈을 이룰 수 없다는 것을 강조한 것이 바로 스톡데일 패러독스인 것이다.

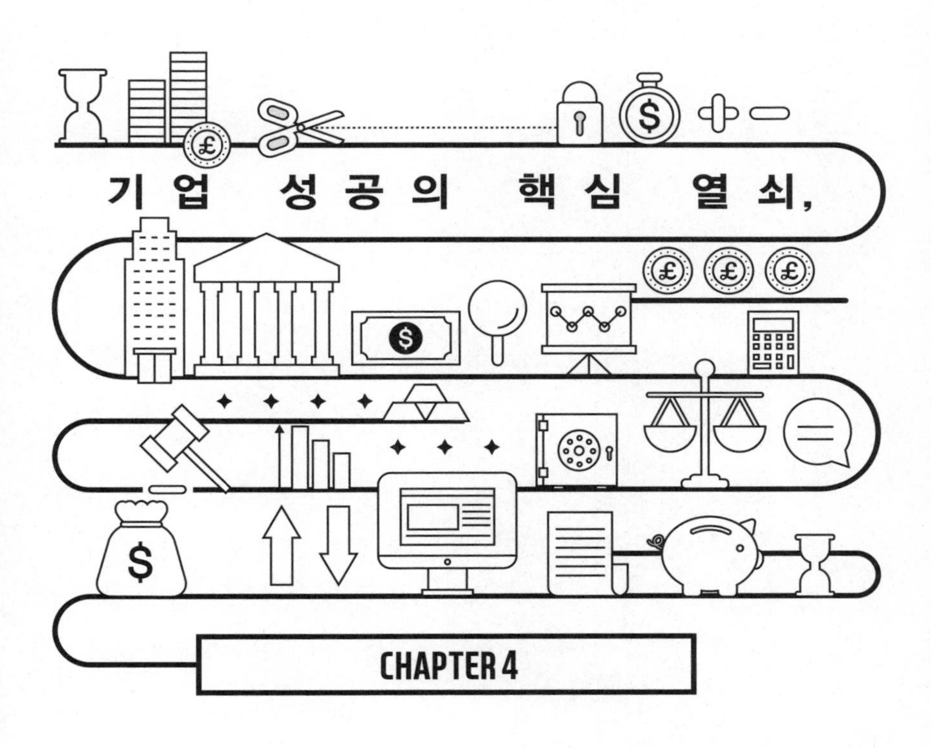

고객 이해력

『역경잡설』 앞부분에 삼역(三易)이 나온다. 역경에는 3가지 대원칙이 있다는 말이다. '변역(變易)' '간역(簡易)' '불역(不易)'이 그것이다. 변역은 세상이 쉼 없이 변한다는 것이고, 간역은 간단한 원리로 세상은 바뀐다는 것이다. 불역은 변한다는 사실은 바뀌지 않는다는 것이다. 삼라만상은 수만 가지 색깔을 가지고 있지만 수만 가지 색깔도 3원색의 장난인 것처럼, 세상 삼라만상이 복잡하게 얽혀 있고 정신없이 변하는 것처럼 보이지만 삼역으로 설명할 수 있다는 의미가 아닐까 생각한다.

QC(Quality Control, 품질관리), 식스시그마, BPR(Business Process Reegineering, 비지니스리엔지니어링), CS(Customer Satisfaction, 고객만족), CRM(Customer Relationship Management), 블루오션(Blue Ocean), 빅 데이터(Big Data)…. 그때그때 기업경영자의 관심을 끄는 경영기법은 정신없이 바뀌고 있고, 그러다 보니 가짓수도 셀 수 없이 많다.

이런 상황일수록 경영자는 '현상'에 빠져 '실상'을 놓쳐서는 안 된다. 간역은 무엇일까? '무엇의 장난으로 세상은 이렇게 바뀌는 것인가?' 이것이 실상이고 간역인 것이다. 기업의 간역은 '고객이 어떤 제품이나 서비스를 원하는가?' '그걸 어떻게 빠르고 싸게 만들까?'가 아닐까?

손님은 식당에 가서 밥을 먹어보면 그 식당이 무엇을 잘하고 무엇을 못하는지 금방 안다. 그러나 정작 식당 주인은 모르는 경우가 많다. 마찬가지로 은행이 무엇을 잘하고 무엇을 못하는지 은행원보다 고객이 더 잘 안다. 은행 직원들은 오히려 잘 모른다. 그래서 고객이 무엇이 불편한지, 원하는 게 무엇인지 알 수 있다면 그 은행은 잘될 수밖에 없다. 어느 기업이든 간에 구성원이 갖춰야 하는 최고의 무기는 '고객 이해력'이다.

은행에서 신상품을 만들어서 지점을 통해 프로모션을 진행하고 실적을 체크하는 등 부산을 떨어도 몇 십억 원 정도 팔고 만 상품들이 많다. 고객에 대한 이해 부족 때문이다. 국가신용등급보다 높은 대기업의 주문을 받았는데 자금 조달이 안 되는 기업들도 있다. 매출 실적이 없거나 담보가 부족하거나 이유가 없는 것은 아니지만 안타까운 일이다. 그런 기업들을 위해서 대출을 만들면 좋겠다는 생각이 네트워크론을 만들게 했다. 보험공단에서 꼬박꼬박 보험료를 받는데 좀 쉽게 대출해줄 수 없을까? 이 고민이 메디컬 네트워크론을 만들게 했다.

네트워크론 영업 과정에서 "기업은행 임원이 직접 찾아오기는 처음"이라는 대기업 CFO들이 많이 있었다. 다른 이유가 있었던 것은 아니다. 고객을 알고 싶어서 찾아다녔다. "한 달에 수백 건씩 주문할 때도 있어서 주문서 방식으로 네트워크론을 만들면 안 된다"는 삼성전자 임원의 말을 듣고 '실적베이스 네트워크론'을 만들었다. 기껏 애써서 기술개발을 해놨는데, 알고 보니 외국에 더 좋은 기술이 있다면 얼마나 실망할까? 국내외에 관련 기술자들이 많은데, 이들을 기업과 어떻게 연결시킬 수 있을까? 기업에 적합한 전문가라 하더라도 외국인이 온다면 커뮤니케이션에 문제가 있지 않을까? 이 고민으로부터 시드 컴퍼니 발굴육성 사업이 시작됐다.

지금까지 이야기한 것은 모두 고객을 이해하려는 노력으로부터 만들어진 작품들이다. 출세하고 싶은가? 당신의 고객을 이해하는 것이 첩경이다.

고객이 신뢰하는 기업은 망하지 않는다

위기 때마다 기업은행이 강해지는 이유

• 기업은 대중의 요구를 읽고, 이를 바탕으로 상품을 만든다. 그리고 광고를 통해 이 상품이 당신들에게 얼마나 필요한지, 얼마나 당신의 요구에 맞게 만들어졌는지 전달하게 된다. 모 카드사에서는 영화 〈She〉를 패러디해 '연인처럼 내 마음을 잘 알아주는 금융 서비스'를 강조했다. 이렇듯 팔려는 입장에서는 소비자의 감성까지 자극해가며 필요성에 대한 공감대를 이끌어내려고 한다. 그런데 정작 기업의 입장이 달라지는 상황에서도 이 같은 태도에 변함이 없을까? 정말 소비자가 원할 때 그에 맞는 서비스를 제공해줄 수 있을 것인가?

그렇지 않다. 고객의 요구를 들어주는 것처럼 보이지만, 기업은 철저하게 이윤을 추구하는 집단이기 때문이다. 기업에 이익이 되지 못하면 그때부터 태도가 돌변한다. 갖가지 좋은 혜택으로 무장한 카드를 내세워 판매하다가도 그 서비스가 기업에 이익을 주기는커녕 체리피커족들로 인해 손해만 안게 된다면 슬그머니 서비스 정책을 바꾸거나 발급을 중단해버린다. 고객 입장에서는 당혹스러운 일이지만 기업 입장에서는 당연한 태도일 것이다. 그러나 그 해당 카드사를 믿고 가입한 고객의 입장에서는 그 기업에 대해 어떤 감정을 갖게 될까? 아마 '신뢰'와는 먼 감정일 것이다. 이윤을 추구해야 하는 입장에서는 고객이 필요할 때 순수한 목적으로 도움을 주기란 사실상 어려울 수 있다.

기업은행이 IMF 외환위기와 서브프라임 위기 등 많은 어려움을 딛고도 오히려 강해질 수 있었던 것은 바로 '고객의 신뢰'였다. '정부투자기관이니 어려울 때 여러모로 유리하겠지' 라고 생각할 수 있지만, 전혀 그렇지 않다.

핵심은 위기일수록 고객의 입장에 서서 필요한 게 무엇인지 생각했다는 데 있다. 이를테면 경제 불황이 되면 대부분의 시중은행들은 신규 대출금을 중단하다 못해 오히려 돈을 회수하려 든다. 그러나 기업이 정말 돈이 필요한 시점은 바로 이런 경제 불황일 때다. 시중에 돈이 돌지 않으니 자금 수요가 늘어나게 되는 것이다. 그러나 기업이 정말 필요할 때 은행의 문턱은 더 높아지기만 한다. 기업 입장에서는 배신감이 들 수 밖에 없다.

우리는 이런 상황을 고객, 즉 기업 입장에서 생각했고, 경제 위기가 닥쳤을 때 당연히 대출금을 늘려야 한다고 생각했다. 앞장에서 이야기한 바와 같이 어렵게 자금을 확보했고, 가뭄으로 인해 쩍쩍 갈라진 논에 농업용수를 공급하듯 기업에 필요한 자금을 대출했다. 기업의 신뢰를 얻은 것은 당연하다. 말로만 '고객만족'이나 '사랑합니다, 고객님'을 공허하게 외칠 것이 아니라, 고객이 정말 어려울 때 도와줘야 그들의 마음을 얻을 수 있다.

불경기에 오히려 대출을 늘리는 것은 비단 고객만을 위한 전략은 아니었다. 은행은 호황기에 중기대출을 늘리려면 경쟁 은행과 심한 가격 경쟁을 해야 한다. 반면 불경기의 경우, 가격 경쟁 없이 좋은 기업을 유치할 수 있으니, 은행 입장에서 실리도 취하고 고객의 인심도 얻을 수 있는 일거양득의 장점이 있다. 위기 때마다 강한 면모를 보여준 미국의 웰스파고 은행의 회장도 "불경기 때 중기대출을 늘려야 제값 받고 좋은 기업을 유치할 수 있다"고 발언한 바 있다.

'우리 거래처에 무엇이 부족한가?' '나의 고객은 어떤 사람들인가?' '고객은 무엇을 원하는가?' 늘 고객의 입장에서 고민하고 그 니즈를 맞추기 위해 노력하는 기업은 세상이 아무리 바뀌어도 좋은 기업으로 남을 수 있다.

사우스웨스트항공사가 훌륭한 성과를 거둘 수 있었던 것도 고객을 이해하는 능력이 있었기 때문이다. 비즈니스 여행을 자주 다니는 고객이 원하는 것은 무엇일까? 일단 부담 없는 가격과 간편한 탑승 방식일 것이다. 동시에 안전은 빼놓을 수 없는 중요한 조건이다. 그러기 위해서 이 항공사는 불필요한 서비스를 줄여 비용을 낮추고, 바쁜 비즈니스맨들이 간편하게 탑승할 수 있는 프로세스를 갖췄다. 그 결과 어떤 항공사도 따라올 수 없는 효율을 갖추게 됐다.

당장 기업이 잘 성장하고 있다고 해서 안심하면 안 된다. 늘 고객의 입장에 서서, 고객의 요구에 민감히 반응해야 한다. 당장의 성공에 만족하고 자아도취에 빠져 고객의 곁을 떠나서 망한 기업이 한둘인가?

고객의 집단지성을 모아라

IBK챌린지 제도의 시작

• 은행들은 늘 트렌드에 맞춰 고객이 관심을 가질 만한 상품과 서비스를 기획하는 데 많은 공을 들인다. 고객의 의견에 귀를 기울이는 것도 이런 이유 때문이다. 집단지성의 힘을 빌려 고객이 경영에 직접 참여하는 것과 같은 효과를 거둘 수 있는 제도가 '위키노믹스Wikinomix'다. 인터넷 이용자들이 만든 'Wikipedia'와 'Economics'의 합성어로 기업이 독점했던 정보를 공개하고 외부의 아이디어를 활용하는 협업 경제를 말한다. 한때 세상을 떠들썩하게 했던 경영 이슈이기도 하다. 위키노믹스는 평소 내 경영 사상과 맞는 제도여서 관심이 갔다. 내부 직원들의 아이디어를 모아서 경영에 반영하는 것도 굉장히 좋지만, 그건 고객의 입장에서라기보다 공급자 중심

의 아이디어일 가능성이 있다.

좋은 경영상의 아이디어나 제도를 실제 적용해보지 않는 국내 기업을 보면 의아하다. 도요다의 JIT(Just in Time, 적기에 공급과 생산을 이뤄 재고비용을 최대한으로 줄이는 것)를 견학하고 온 사람들은 수도 없이 많은데, 그것을 현장에 적용해보는 기업은 많지 않다. 그러려면 왜 견학을 하는지 모르겠다. 이를 적용하려면 귀찮은 문제가 발생할 수 있다고 판단하는 것일까?

기업은행은 지난 2008년 위키노믹스를 경영에 접목해보기로 했다. 아이디어 공모전 'IBK챌린지'를 마련하고, 대상 1억 원 등 총상금 3억 원을 걸었다. 기업은행 내부 인력의 아이디어만으로 신규 프로젝트를 만들지 말고 외부인, 말하자면 고객의 아이디어를 선별해서 사업에 반영해보자는 것이 챌린지 제도의 핵심이었다. 성인 중 은행을 이용하지 않는 사람은 없으니, 그들의 아이디어를 얻어보자는 것이다. 이것이 바로 집단 지성의 활용이다.

챌린지 제도에는 제한이 없었다. 참여를 제한하는 그 어떤 자격도 필요하지 않았다. 기업은행에 도움을 줄 수 있는 아이디어만 있다면 누구든지 참여할 수 있었다. 신선한 아이디어를 얻기 위한 방침이었다.

참여를 유도하기 위해 'IBK챌린지'라는 제목의 아이디어 공모 포스터를 만들어 전국의 지점에 뿌렸다. 전국 대학, 주요 연구소, 시청 앞이나 대학가 등 사람들이 많이 오가는 장소에도 포스터를 붙였다.

공모의 내용은 다음과 같았다. '기업은행으로부터 제공 받고 싶은 금융 상품 및 서비스'나 '기업은행 발전 전략'을 제안하라는 내용이다. '제안서'라는 단어에 부담을 느낄 사람들이 있을까 싶어서, 간단한 '한줄 이벤트'도 동시에 진행했다. 지금도 마찬가지이지만 당시도 청년취업 문제가 심각한 시기여서, 채택될 경우 기업은행 입행에 가산점을 주기로 했다. 기업은행에서 줄 수 있는 최대한의 혜택을 주기로 한 것이다.

이 이벤트를 기획하고 진행할 때 내부적으로 말이 많았다. 어느 조직이든 기본적으로 부정적인 사람들이 있기 마련이다. 그들은 내부 회의 당시에 "한 사람에게 1억 원씩이나 주느냐!" "1천만 원으로 해도 충분히 성공할 수 있다"고 주장했다. 그러나 내 생각은 달랐다. 솔직히 1억 원도 적다고 생각했다. 왜냐하면 대상으로 당선될 아이디어는 상금보다 훨씬 큰 효과를 가져다줄 것이라고 생각했기 때문이다. 상금을 쥐꼬리만큼 걸고 큰 아이디어를 받으려 하는 것은 옳지 않은 생각이다. 나는 이 논리로 부정적인 그룹을 극복해냈다.

물론 마음 한구석에서는, '대상이 안 나오면 어떻게 하지?'

하는 걱정도 했다. 수준이 떨어지는 아이디어에 1억 원씩 줄 수도 없는 일이었다. 그러나 그건 어디까지나 기우였다. 두 달 기간 동안 진행된 공모전을 통해 믿을 수 없을 만큼 엄청나게 좋은 아이디어가 쏟아졌다. 취업에 목말라하는 대학생에서부터 중소기업에서 근무하는 경리담당 직원, 가정주부와 대학 교수까지 수백 명이 제안서를 보냈다. 심지어 경쟁 금융기관 직원도 이름을 속여서 응모했다. 아마도 우리 시상식의 실체를 파악해보고 싶어서 그랬을 것이라 생각한다.

그중 기업은행 일반 고객의 아이디어가 가장 돋보였다. 구매자금 대출과 관련해 복잡한 절차를 쉽게 풀어주는 아이디어였다. 우리가 미처 생각하지 못한 내용이었다. 대상감이었다. 우리는 그 아이디어를 현장에 적용했고, 연간 50~60억 원씩 비용을 절감하고 있다. 정말 대박이었다. 1억 원을 쓰고 1년에 50억 원을 버는, 이렇게 수지맞는 장사가 어디 있을까?

남들보다 조금 더 빨리!

외부인으로부터 아이디어를 받아들이는 프로젝트는 국내에서 기업은행이 처음으로 채택했다. 다른 은행도 생각했겠지만, 이를 선뜻 실행하는 곳은 없었다. 나는 기업은행에 좋은 아이디어라면 일단 실행하는 분위기를 조성했다. 먼저 움직여서 손해를 보는 부분도 있지만, 잘하면 시장을 선점하는 효과가 있다.

서로 눈치 보면서 누가 먼저 하기를 기다리는 분위기는 싫다. 좋은 아이디어가 있으면 바로바로 현장에 적용해야 한다. 뜸 들일 이유가 무엇인가? 일반인을 대상으로 하는 아이디어 공모전 같은 위키노믹스는 이미 외국의 여러 기업에서 채택해 성과를 낸 경영방식이다. 지금과 같은 환경에서는 언제든 좋은 결과를 얻을 수 있다. 이처럼 검증된 프로그램이라면 당연히 시도해봐야 한다고 생각한다.

남들보다 조금이라도 빨리!

이것이 바로 성공에 다가가는 길이다. 요컨대, 기업은행에서 진행한 '금융 아이디어 공모전'은 위키노믹스를 실제 은행 경영에 적용한 첫 번째 사례다. 여기에 의미가 있다.

체면 따윈 필요 없다

대기업 CFO방을 뻔질나게 드나들다

• 네트워크론을 만들고 나서 생긴 가장 근본적인 고민은 바로 이것이었다. 대기업을 먼저 끌어들여야 한다. 어차피 네트워크론의 고객은 대기업의 협력업체들이다. 그런데 이 협력업체들을 대상으로 영업을 하면, 영업 자체도 힘들뿐더러 들인 노력에 비해 거둬들이는 성과는 적을 수밖에 없다. 그러니 대기업을 먼저 끌어들여야 했다. 대기업이 네트워크론에 관심을 가지게 되면 협력업체는 자연스럽게 따라오게 된다. 대기업에서 활용하거나 권하는 상품이라면 협력업체들이 마다할 이유가 없다. 당연한 논리다.

이 결론에 도달하자마자 매출 1조 원 이상의 우량 대기업 리스트를 만들었다. 그때 당시 기업은행과 여신거래까지 하는 대기업은 12개에 불과했다. 나는 지체 없이 네트워크론을 성공적으로 안착시키기 위해 대기업별로 담당 점포를 정해서 영업하게 만드는 한편, 리스트에 있는 기업의 CFO들을 직접 찾아다녔다. 부행장의 신분으로 그들에게 상품을 설명했고, 이 상품이 건실한 협력업체를 살릴 수 있는 솔루션을 가지고 있다는 점도 강조했다. 나와 만난 대기업 CFO들은 대부분 "기업은행 고위직원이 우리 사무실에 직접 찾아온 건 처음"이라며 반겼으며 나의 설명을 경청했고, 대부분 네트워크론을 선택했다.

체면 따위는 챙기지도 않았다. 그게 무슨 대수인가? 사업을 확장하고 상품을 성공적으로 안착시키려면 은행장이라도 뛰어다녀야 한다고 생각한다. 네트워크론이 성공한 데에는 상품 내용이 가지고 있는 우수성도 분명히 있지만, 나와 우리 직원들이 체면 가리지 않고 직접 뛰어다닌 것도 한몫을 했다.

그렇다고 모든 기업이 내 방문을 반긴 것만은 아니다. 어떤 기업은 벽에 대고 이야기하는 편이 나을 정도로 무관심했다. 지금에 와서 돌이켜 보면, 대화가 잘 안 통하는 기업들은 안타깝게도 지금까지 성장성에서 별 볼일 없는 곳들이 대부분이다.

이런 현상은 '우리 회사가 필요 없는데 굳이 협력업체를 위해 복잡한 일을 할 필요가 있나?' 하는 닫혀 있는 태도에서 비롯된다. 폐쇄적인 아이디어를 가진 임원들이 일은 제대로 할 수 있겠는가.

임원이 되기 위해서 갖춰야 할 것들

기업체 임원이 갖추어야 할 '실력' 역시 고객에 대한 이해력이 아닐까 생각한다. MBA를 취득하고 몇 개 외국어를 하는 것 역시 도움이 되겠지만, 실제 현장에서 부딪쳐보면 그런 스펙보다는 고객 이해력이 곧 실력이라는 생각이 절실해진다.

최초의 재봉틀은 '싱거 미싱'이다. 창업주 싱거는 아내가 바느질하면서 고생하는 것을 보고 연민의 정이 생겨 미싱을 개발했다. 최초의 시리얼도 위장이 안 좋은 환자를 위해 고심하다가 만들어진 발명품이지 않은가. 내가 기업은행에서 여러 상품을 개발할 수 있던 것 역시, 고객에 대한 이해와 연민의 정 때문이었다. 당신이 어떤 기업에 근무하든지 가장 중요한 실력은 고객을 바로 이해하는 것이다.

제너럴일렉트릭의 최고경영자였던 잭 웰치 회장의 자서전에 'Ass to the boss, head to the customer'라는 구절이 있다. 보스를 뒤로하고 고객을 바라보라는 의미다. 반대로 고객을 뒤로하고 보스를 바라보면 회사는 망한다. 누구든 회사에 입사하면 언젠가 임원이 되는 꿈을 꿀 것이다. 진정 임원이 되고 싶다면, '우리 고객은 뭘 원하는가?' '우리 고객은 어떤 아픔이 있는가?'에 대해 고민하라. 그리고 움직여라. 상사의 비위 맞추는 데만 급급하다가 쫓겨나면 얼마나 허망한가.

명분 있는 일은 이루어지게 되어 있다

은행에 필요한 고객 만들기

• 한번은 KEPCO(한국전력공사)에 제품을 납품하는 A기업의 사장으로부터 직접 전화가 왔다. 회사를 만든 이후 KEPCO와 처음으로 수주 계약을 맺은 상황이라 그 사장의 목소리는 다소 들떠 있었다. 동시에 근심도 컸다. 수주금액이 커서 오히려 걱정이라는 것이었다. 사업을 진행하려면 그 과정에서 자금이 들어가는데, A기업의 현실에서는 자금 조달이 큰 문제였다. 주변을 통해 알아보니 한전의 다른 협력업체들은 A기업이 납품까지는 못할 거라고 보고 있었다. 일을 수주했는데 일을 진행할 자금이 없다니, 참 답답한 노릇이었다.

그냥 보고만 있을 수 없어서 당시 기업고객부 부장이었던 나는 신용보증기금에 "보증서를 내주라"고 직접 건의했다. 네트워크론은 신생 업체 역시 기존 업체와 차별 없이 혜택을 받아야 한다고 생각했기 때문이다. 또 A기업은 규모만 작았지 회사는 매우 건실했다. 당시 나와 뜻을 같이 하고 있었던 신용보증기금에서는 A기업에 흔쾌히 보증서를 써주었고, 보증서를 담보로 기업은행에서 융자를 해주었다. 그 회사는 그 자금으로 사업을 성공적으로 마무리했고 지금은 좋은 기업으로 성장했다.

네트워크론은 대기업의 협력업체를 도와주고 살리는 프로그램이지만, 기업은행 입장에서도 마땅히 해야 할 일이다. 사실 대기업과 거래를 틀 정도의 기업이라면 굳이 높낮이를 가릴 필요는 없다. 이미 실력은 검증받은 것이나 다름없다고 봐야 한다. 돈을 빌려주는 입장에서는 그 진정성만 보면 된다.

은행 입장에서 솔직한 이야기를 해보겠다. 중소기업은 스스로 만든 물건이나 서비스를 들고 직접 마케팅하는 업체와 대기업 수주를 받아 생산하고 납품하는 업체가 있다. 은행 입장에서 어느 기업이 더 좋을까? 두말할 것 없이 대기업 협력업체다. 사이즈도 크고 연체율도 낮기 때문이다. 매출도 예상이 가능하다. 그러니 이미 KEPCO와 계약을 맺은 A라는 업체는 이미 기업은행의 영업 대상이 되어야 한다. 은행이라면 힘든 기업은 어떻게 해서든 살려내 은행의 고객으로 만들 생각을 하는 게 맞다.

은행은 보수적이어야 하고, 기존의 데이터로 움직여야 하는 것도 맞다. 그러나 모든 것에 보수적이어서는 안 된다. 충분히 예측 가능한 상황이라면 대출을 늘려주어야 한다. 그래야 새로운 고객이 생기고 예상치 않았던 미래가 오는 것이다. 기존에 해오던 일만 해서 어떻게 발전적인 미래를 가져올 수 있겠는가?

과거에 멈춰 있지 말고, 미래를 위해 움직여라!

모든 은행원뿐 아니라 직장인에게 하고 싶은 말이다.

치밀한 민족이
세상을 지배한다

고객이 편리한 상품 만들기

● 나는 구글을 좋아한다. 쓰기 편하기 때문이다. 지메일은 번거로운 구석이 하나도 없다. 동영상 콘텐츠를 쉽게 찾아볼 수 있는 유튜브도 내가 좋아하는 플랫폼이다. 어떤 콘텐츠 하나를 고르면 비슷한 다른 콘텐츠가 자동으로 추천된다. 그러다 보면 내가 미처 찾아볼 수 없는 연관성 있는 새로운 콘텐츠를 만나게 되어 기쁘다.

고객이 '편리하다'고 감탄하면서 사용하기까지 개발자들은 얼마나 애를 썼을까? 철저하게 고객입장이 됐기 때문에 가능한 일이다. 유튜브의 경우, 내가 A라는 콘텐츠를 검색해본 이력이 있으면 다음에 접속했을 때도 연관성 있는 콘텐츠를 보여준다. 편리할 수밖에 없다. 그러나 반대로 구글 직원의 취향

대로 콘텐츠를 보여준다면 어떨까? 고객에게 편리하다는 느낌을 주기 힘들다. 상품도 마찬가지다. 내가 편한 상품은 고객 입장에서는 불편할 수 있다.

앞장에서 언급했다시피, 네트워크론은 판매자가 설명하기 귀찮은 상품이었다. 대기업과 사전에 협약을 맺고 대출해줄 업체를 대기업에 등록을 해야 하는 번거로움이 있다. 일반 대출은 필요한 돈을 대출해주면 그만인데, 네트워크론은 추가로 거쳐야 하는 프로세스가 더 있는 셈이다. 중소기업의 납품대전으로 기업은행 네트워크론을 상환하는 구조로 되어 있어 그런 절차를 거쳐야 하는 것이다. 그래서 초반에는 판매가 부진했다. 반면 고객에게는 너무나 편한 상품이었다. 한번만 약정해놓으면 마이너스통장에서 돈을 꺼내 쓰는 것처럼 은행에 나가지 않고 쓸 수 있고, 납품대전으로 상환되어 한도가 살아나면 또 꺼내 쓸 수 있다.

상품을 팔기 위해서는 '어떻게 하면 고객이 더 편리하게 상품을 사용할 수 있을까?'를 생각하고 고민해야 한다. 그리고 이를 위해 더 많이 움직여야 한다.

시드 컴퍼니를 만들었을 당시, 내가 근무했던 기업협력부는 간단한 기업지도와 세미나 개최가 주된 업무인 부서였다. 그런데 시드 컴퍼니 사업을 시작하려 하니 해야 할 일이 한두 가지가 아니었다. 기업체의 기술개발 과제를 조사해서 그중 개발 효과가 큰 프로젝트를 선별하고, 관련기술자들을 세계적으로 모집하고, 호텔을 빌려 워크숍을 개최하고, 참여 기업 중에서 프로젝트 성공 가능성이 가장 높은 기업을 시드 컴퍼니로 선정하고, 그 기업들에게 관련 시설자금과 운전자금을 패키지로 지원하는 프로세스를 거쳐야 일이 끝난다.

대기시간 단축 사업도 마찬가지다. 문서 하나 달랑 만든 뒤, 시행하고 독려하면 끝날 일이었다. 그러나 대기시간이 긴 점포를 찾고, 그중에서 시범점포를 선정하고, 파견을 나가 3개월을 동고동락하며 단축가능성을 확인하고, 전 지점으로 확산시키기 위해 이 세상에 없던 시스템을 새로 개발하고, 대기시간 보상제를 만들고…. 이 같은 복잡한 프로세스를 거쳐야 했다. IBK챌린지 사업도 마찬가지다. 이 사업을 위한 홍보를 무려 2달이나 했다. 그것도 전국적으로 일시에 이뤄졌다. 공모된 아이디어 중 수상작을 선정하기 위해 심의위원회를 만들고, 수상작을 뽑았다.

동유럽을 여행하면서 느낀 점이 있다. 관광명소를 안내하는 간단한 일인데, 독일이나 오스트리아에서는 관광객의 숫자를 감안해 앞뒤 팀의 간격을 조정하고 팀별로 설명하는 장소까지 구체적으로 지정하는 것을 보았다. 동남아 여행에서는 볼 수 없던 일이었다. '이렇게 치밀하니까 세상을 지배할 수 있지 않았을까?' 하는 느낌이었다. 고객에게 의미 있는 일을 하려면 우리가 그만큼 치밀하고 고달파야 한다. 우리의 노력이 쌓여야 고객은 좋은 상품을 그만큼 편하게 사용할 수 있는 것이다. 그럴 때 비로소 우리는 경쟁에서 이기고 세상을 지배하게 되는 것이다.

'수퍼을'로 살면 성공의 가능성이 커진다

갑보다 을이 유리한 세상

• 기업은행은 1961년 중소기업은행법이 제정되면서 설립되었다. 기업은행은 '중소기업의 경제활동을 돕고 그 지위를 향상하기 위한 특수은행'으로 산업은행, 수출입은행과 더불어 3대 국책은행의 하나다. 그래서 본래 이름은 '중소기업은행 Industrial Bank of Korea'이지만 보통 '기업은행' 또는 'IBK'로 약칭한다. 기업은행은 국민은행, 신한은행 등 일반 시중은행과 달리 정부지분도 많고, 그러다 보니 공공성이 더 중시된다. 하지만 불특정 다수로부터 예금을 받아 그 돈을 필요한 곳에 대출해준다는 점에서는 시중은행과 다르지 않다.

나의 첫 근무지는 기업은행 청주지점이었다. 그곳에서 3개월 정도 일하다가 군에 입대했다. 지금과 달리 당시에는 직장생활을 하다가 군에 가는 경우도 많았다. 제대 후에는 본점 영업부에서 예금 업무를 맡았다. 은행원은 처음 예금 파트에서 일을 배운다. 그러다 경륜이 쌓이면 대출업무나 대출심사를 맡는다. 예전 은행원은 '갑'과 '을' 위치를 번갈아가며 경험하는 직장인이었다. 고객에게 대출을 해줄 때는 갑이고, 예금을 유치할 때는 을이 되는 것이다.

그렇다면 지금도 그럴까? 시대가 바뀌다 보니 은행원의 입장도 바뀌었다. 지금은 대출을 해줄 때나 예금을 유치할 때 모두 을이다. 대출해줄 때조차 갑이 되지 못한다. 은행 입장에서 볼 때 가장 성공적인 대출은 우량기업에 돈을 빌려주는 일이지만, 우량기업은 돈을 빌릴 마음이 없다 보니 돈을 빌려주면서 사정을 해야 하기 때문이다. 사실 은행에 잘 보이려는 기업은 대체로 우량기업이 아니다. 내실 있고 잘나가는 기업은 은행원 앞에서 줄곧 고(高)자세다. 그런 기업에 대출을 하려면 오히려 은행원이 을 노릇을 해야 하는 것이다.

대출을 원하는 기업이나 개인에게 예전처럼 갑 노릇을 해서도 안 된다. 최대한 고객 입장에서 일을 진행하되, 자격이 안 되어 대출을 해주지 못할 때에는 미안한 자세를 취해야 한다. 고로 은행원은 예금을 받든, 대출을 하든 늘 을일 수밖에 없다. 그러나 내가 신입사원으로 일하던 1970년대 말에는 갑

을의 분위기가 더 심했다. 그래서 당시에 고달픈 예금 업무에 시달리던 신입행원들은 대출업무나 심사 역을 동경했다. 그러나 을로 사는 것이 당장은 괴롭겠지만 결코 나쁜 것은 아니다. 이는 퇴직 후 여실히 드러난다.

은행원이 갑이었던 시기에 은퇴한 선배들은 거의 다음 직장을 잡지 못했다. 요즘은 어떤가? 기업은행의 경우 은퇴자들이 재취업하는 경우가 많아졌다. 기업체 CEO, 감사, 임원, 대학교수…. 제2의 전성기를 보내고 있는 분들이 눈에 띈다. 왜 그럴까? 이들은 현직 때 을로 살았기 때문이다. 을로 살다 보면 고객에 대한 이해력이 생기고, 상대방의 입장에서 생각할 수 있는 능력이 생기기 때문이다.

어려움 속에서 밑바닥부터 시작한 사람들이 성공할 확률이 더 높다. 밑바닥부터 시작했다는 것은 철저하게 을로 살았다는 것이다. 평생을 갑으로 살던 사람들이 한 방에 훅 가는 걸 우리는 심심찮게 봐왔다. 나만 생각하고 주변을 둘러볼 줄 모르는 사람들은 단 한 번의 위기만 닥쳐도 내성이 없어서 바로 무너진다.

그러니 을로 사는 신세를 한탄하지 마라. 같은 을이라도 '수퍼을'로 살면 성공할 확률은 더 높아진다. 고향 친구들 중에도 대학 나온 사람들은 샐러리맨으로 살다 은퇴해서 지금은 집에서 백수로 지내는데, 초등학교를 졸업하자마자 무작정 상경해서 바닥을 기던 친구들은 중소기업체 회장으로 왕성하게 활동 중이다. 은행원들도 현직에 있을 때 열심히 영업했던 사람들은 어디를 가든지 제2의 일자리를 잡아서 다시 일하기 쉽다. 다 을로 산 덕이 아닌가 생각한다.

거래처 사장들의 하소연 대상이 되어라

겪어보지 않으면 모르는 중소기업의 현실

• 1977년도에 기업은행에 입사해 30년 넘게 근무했다. 그래서 중소기업에 대해 좀 안다고 생각했다. 그런데 아니었다. 은퇴한 뒤 실제 중소기업들과 함께 현장에서 부딪히고 실제 중소기업을 운영하다 보니, 그동안 중소기업에 대해 몰랐다는 사실을 절감했다. 과부가 되어보지 않으면 과부 속을 모른다고 했던가? 중소기업의 상황도 본인이 운영하거나 깊숙이 관여해보지 않으면 정말로 알 수 없다.

어느 중소기업의 이야기다. 12년간 성실하게 회사를 다니며 경리업무를 담당했던 직원이 있었다. 그런데 어느 날 갑자기 통보도 없이 결근을 했다. 걱정되는 마음에 전화를 했더니 연락두절이다. 이상한 마음이 들어 그 직원의 책상을 뒤졌다. 서

랍에서는 개인 통장이 수십 개가 나오고, 법인통장 돈을 마음대로 빼내 유용하거나 횡령한 흔적이 고스란히 남아 있었다. 나중에 안 일이지만 친구들과 주고받은 SNS 글에는 사장을 저주하는 내용이 잔뜩 있었다. 여기까지 알게 된 사장은 돈도 돈이지만, 그 배신감에 얼마나 아팠을까? 평소 직원을 가족처럼 생각했던 사장은 이 이야기를 내게 들려주면서 눈물까지 글썽거렸다.

대기업에 납품하는 중소기업들은 어떤가? 분기별로 한 번씩 소위 '원가절감Cost Reduction'을 강제한다. 중소기업의 매출액대비 당기순이익률은 5% 미만이다. 그런 기업에 분기별로 10~15%로 단가를 줄이자고 덤벼드니 어떻게 살겠는가? 대기업이 이렇게 나와도 협력업체로 등록하려는 중소기업들이 줄을 서는 상황이니 제대로 된 발언을 하기 힘들다.

내가 늘 강조하는 것이지만, 매출이 감소하면 매출감소율에 거의 비례해서 당기순이익도 감소한다. 예컨대 매출이 5% 감소하면 당기순이익도 5~6% 감소한다. 그러나 마진이 줄면 마진감소율의 5~7배 정도로 준다. 예컨대 마진이 5% 줄면 당기순이익은 35% 정도 줄어든다. 현재 근무하는 기업을 놓고 시뮬레이션을 해보라. 거의 정확하게 그럴 것이다. 단가조정을 한 번 하고 나면 진이 빠진다.

이것이 오늘날 중소기업의 현실이다. 매출이 줄거나 이익이 줄면 은행 대출의 금리가 오르고, 심할 경우 대출금의 일부를 상환해야 한다. 회사는 어려워지고 돈은 생기지 않는데 금리는 오르고, 대출금을 상환하라는 압력까지 받는다고 생각해 보라. 그 회사의 사장은 살 수 있을까? 그래서 중소기업 사장들은 은행 지점장한테 어렵다는 이야기도 제대로 못한다. 게다가 협력업체에 회사 사정이 어렵다는 이야기를 하면 납품을 받기도 어려워질 테니 더욱더 하소연할 수 없다. 경쟁업체에게는 더더군다나 못할 말이다. 이럴 경우 가족들에게도 말할 수 없다. '나 하나 괴롭고 말자' 하는 생각에서다. 그러니 중소기업 사장은 속으로 끙끙 앓을 수밖에 없다.

어느 책에선가 이런 내용이 있었다. 중소기업 사장들은 집에 들어가기 전에 술집을 들린단다. 술집은 그들이 푸념하는 것을 다 받아주는 유일한 공간인 셈이다. 이 같은 중소기업의 사정에 대한 이해, 공감, 연민이 중소기업 관계기관 직원들에게 필수적이어야 한다. 그렇다고 은행이 매출액이나 당기순이익에 관계없이 대출해주자는 이야기는 아니다. 이런 중소기업을 이해하고 함께 해결책을 찾는 자세가 있어야 한다는 것이다. 내가 은행 지점장들에게 가끔 했던 이야기가 있다.

"거래처 사장들이 밤늦은 시간에 하소연할 대상으로 당신을 찾게 만들어라. 그러면 성공한 지점장이다."

은행원에게 가장 중요한 실력이란, 결국 자기 고객에 대한 이해력이다. 어찌 은행원만 그러겠는가? 어디에서 무슨 일을 하든지 가장 중요한 실력은 고객 이해력이다.

인성 좋은 사람이 롱런한다

MBC 직원과 연예인에게 상품을 팔다

• MBC 영업점에 있으면서 MBC 직원들을 상대로 대출 상품을 많이 팔았다. MBC 전 임직원 가정에 안내문을 발송했고, 상담전화가 오면 최선을 다해 상담했다. 대출금액과 금리를 상세히 안내했고, 가정별 맞춤형 상품까지 소개했다. 집에 있는 아내들을 겨냥한 영업이었다. 아내 입장에서 보면, 답이 훤하게 보였다. 그동안 남편이 받은 타 은행 대출이 기업은행 상품보다 금액은 적고 금리는 높다는 것을 알게 되면서, 남편에게 기업은행으로 갈아타라고 성화였을 것이다.

MBC 직원들이 대출을 받기 위해 우리 영업점 앞에서 줄을 서는 일도 생겼다. 전임 소장도 일을 잘했지만, 더 할 일도 많았던 것이다. 그때만 해도 대출을 받으려면 여기저기 아는 사람한테 부탁하던 시절이니 대출금액도 충분하지 않았을 것이고 금리도 높을 수밖에 없었을 것이다. MBC 직원들의 수입이나 신용도를 훤히 알고 있어 개인별로 대출 규모와 금리까지 제시하는 안내문을 보낼 수 있었다. 당연히 대출은 더 많이, 금리는 더 싸게 할 수 있었던 것이다. 지금도 MBC 직원들 중에는 '이경렬' 하면 아는 사람들이 많다.

유명 연예인들도 많이 거래했다. 이름만 대면, "아, 그래요?" 할 만한 사람들도 거래를 많이 했다. 연예인들도 필요할 땐 융자를 받는다. 융자상담을 하다 보면 가정사를 알게 되는 경우가 많다. 이들의 대출은 일반 직원에게 상담을 맡기는 게 미안해서 내가 차 한잔 대접하면서 '1차 상담'을 진행했다.

대화를 나누다 보니 많은 사실도 알게 되었다. 당시 대출을 신청하러 온 K씨는 갑작스러운 사고 때문에 경제적으로 매우 힘들었다. 대출을 해줄 수 있는 여건이 못 되었다. MBC에 수소문 해보니 그에 대한 평판이 참 좋았다. 방송을 통해 나오는 '신사' 이미지 그대로 주변 사람들도 따뜻하게 챙기는 스타일이었다. 이 성품을 가지고 있으면 괜찮겠다 싶어서 그가 원하는 만큼 대출을 해주었다. 대출 덕분에 그는 재기에 성공했고, 지금도 나를 많이 고마워한다.

여성 중견 탤런트인 K씨 역시 방송에 나오는 이미지 그대로 '정확'했다. 언제쯤 얼마를 예금해주겠다고 약속하면 정확하게 지켰다. 그 외에도 수많은 연예인들이 거래했고 다들 나름대로 독특한 성격들을 가지고 있었다. 그들을 만나면서 느낀 것 중 하나는 인간성 좋은 사람들이 롱런한다는 것이다.

2년 후, MBC 영업점의 수신은 부임한 해에 비해 3배 규모로 늘어났다. 전임 점포장이 일을 획기적으로 잘했던 점포는 후임 점포장의 무덤이 될 가능성이 많다. 본점에서 MBC 영업점으로 발령난 것을 아는 동료들이 실제로 나의 앞날을 걱정했다. 그러나 우려가 기우에 불과하다는 걸 실적으로 보여준 셈이다. 이런 실적 탓인지 금융연수원에서 은행영업점 마케팅 특강 요청이 와서 1년간 특강을 했다. 수신실적뿐만 아니라 여신실적도 획기적으로 늘어났다.

은행에서는 융자신청을 받으면 '차용금 신청서 접수 처리부'에 기재해서 상담건별로 언제 상담했는지, 융자신청금액은 얼마인지, 언제 대출을 해줬는지 등을 관리한다. 장부가 두껍기 때문에 대개 반도 못 쓰는데 우리 점포는 1권을 다 쓰고 2권을 쓸 만큼 많은 대출을 했다. 수신실적이 좋고 외환거래도 늘어나고 여신실적도 늘다 보니 자연스럽게 이익도 많이 늘었다. 지금도 MBC를 떠올리면 영업점에서 승승장구하던 내 모습도 함께 생각난다.

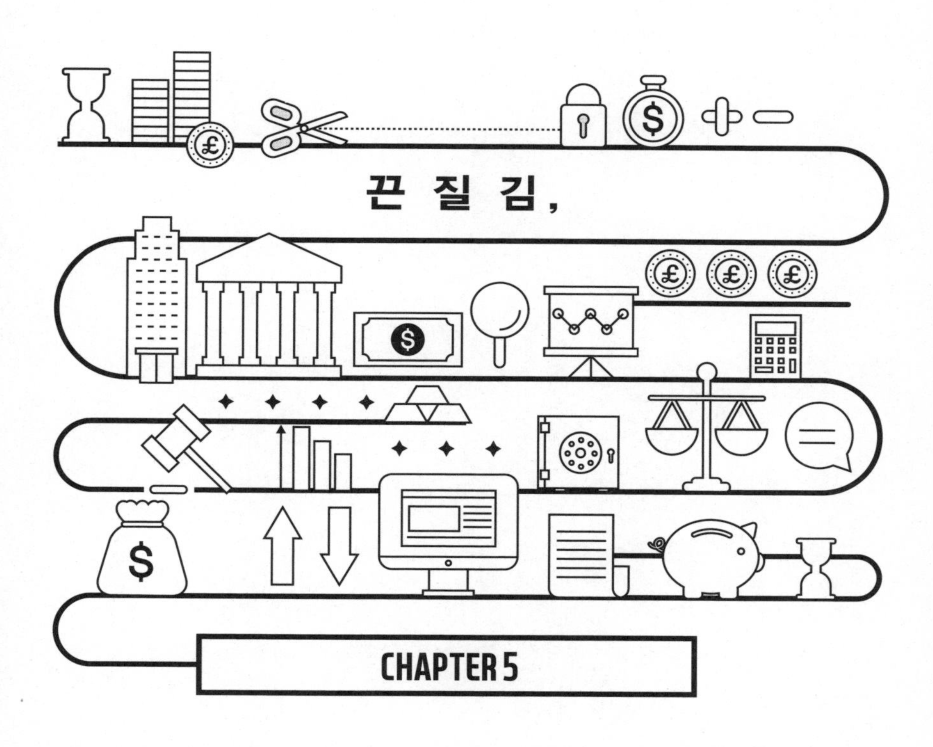

목표 달성을 위한 가장 빠른 방법

타이거 우즈가 13살에 골프대회에서 첫 우승을 했을 때 모두들 "골프 신동이 나타났다"고 했다. 이후에도 프로대회에서 연이어 우승을 거머쥐자 그에게 '골프 천재'라는 이름을 붙여줬다. 스포츠 천재는 우리나라에도 얼마든지 있다. 이승엽 선수가 416호 홈런을 쳤다. 일본에서 친 홈런 159개를 합치면 통산 575개의 홈런을 친 것이다. 이승엽 선수도 '야구 천재'로 불린다. 통산 575개의 홈런이면 세계적으로 어느 정도의 성적인가 찾아보니 '베스트 5'에 들어간다. (물론 미국이나 일본 선수 중에 이보다 더 많은 홈런을 친 선수들은 얼마든지 있지만, 약물복용을 했거나 거리가 더 나가는 압축배트를 사용한 선수들은 빼야 한다.) 이승엽은 대단한 선수임에 틀림없다.

'신동'이나 '천재'라는 단어는 '날 때부터 재능을 타고났다'는 의미다. 그래서 보통 사람은 타이거 우즈나 이승엽처럼 될 수 없다는 사고로 이어지게 된다. 교육심리학에서는 이런 사고를 '고정형 사고방식'이라고 부른다. 반대로 타고난 재능이 아니라 끊임없는 노력이 훌륭한 선수를 만든다는 사고방식을 '성장형 사고방식'이라고 부른다.

정답은 '성장형 사고방식'이다. 타이거 우즈는 생후 2년 8개월 만에 벙커플레이에 익숙해졌고 계속해서 골프 훈련을 강도 높게 받았기 때문에 13살에 우승할 수 있었다. 천재라서 골프를 잘 친다면 요즘은 1라운드에 85타를 치는 것을 어떻게 설명할 수 있겠는가? 이승엽 선수도 마찬가지다. 공이 잘 안 맞으면 새벽 4시까지 혼자서 배팅연습을 했다. 그래서 양준혁 선수는 이승엽을 '착한 독종'이라고 부른다. 우리가 천재라고 부르는 많은 선수들은 모두 피와 땀과 눈물 덕분에 그 자리에 오르게 된 것이다.

1998년 박세리 선수의 LPGA 우승 후 수많은 여학생들이 아빠 손에 이끌려 골프연습에 매진했다. 그 덕에 요즈음은 56명의 우리나라 선수가 LPGA에서 뛰고 있다. 그런 의미에서 박세리 선수는 대단한 일을 해낸 셈이다. 아빠 손에 이끌려 연습장에 간 이들이 아마도 수천 명은 되지 않았을까? 이중에는 레슨프로 자격도 못 따고 그만둔 사람, 프로도 못 되고 그만둔 사람, 프로가 되었지만 우승 한 번 못 해본 사람… 56명 안에 들지 못한 이들이 얼마나 많을까?

똑같이 골프를 시작했지만, 누구는 LPGA에서 우승을 하는 선수가 되고, 누구는 레슨프로도 못 되고 골프를 그만두는 걸까? 두 사람의 차이는 뭘까? 성장형 사고방식을 가진 사람이 전자이고, 고정형 사고방식을 가진 사람은 후자라고 생각한다. 재능의 차이가 아니고 노력의 차이인 것이다.

운동뿐 아니다. 영업도 마찬가지다. 미국 소매상협회의 조사 결과를 보자. 세일즈맨 가운데 48%는 판매할 상품을 고객에게 딱 한 번 권유했다. 이들은 고객이 거절하면 곧바로 포기했다. 25%는 2번, 15%는 3번까지 권했다. 단 12%의 세일즈맨만이 4번까지 시도했다. 그런데 이 12%의 세일즈맨이 전체 판매량의 80%를 책임지는 사람들이었다.

KFC 창업자 커넬 샌더스에 관한 일화가 있다. 맛있게 통닭을 튀기는 재주를 가지고 있던 그가 식당을 돌아다니면서 프랜차이즈를 만들려고 제안했다가 거절당한 횟수가 1,000번하고도 8번이나 더 됐다. 오늘날의 KFC는 창업자가 1,008번의 거절을 겪으면서도 포기하지 않고 끈질기게 권유한 끝에 1호점을 오픈했기 때문에 가능했던 것이다. 포기했더라면 현재 100여 개 나라에서 1만 2,000여 개의 매장을 가진 KFC는 없었을 것이다.

영업만 그런 것도 아니다. 세상만사가 끝까지 포기하지 않은 사람이 이기게 되어 있다. 매출 8조 원의 세계적 기업이 된 일본전산을 만든 사람들은 재능이 뛰어난 사람들이 아니었다. 끈질기게 일을 했던 평범한 임직원들이었다. 그래서 나가모리 시게노부 회장은 "어설픈 일류보다 하겠다는 삼류가 낫다"고 이야기한다. 일본의 지방대학인 가고시마대학을 나온 이나모리 가즈오가 가고시마의 별 볼 일 없는 중소기업에서 세계 두 번째로 펠라이트를 만들 수 있었던 것도 그의 끈질긴 성격 때문이었다. 그는 "성공하고 싶다면 조물주가 도와주고 싶은 마음이 생길 정도로 몰입해서 열심히 일하라"고 조언한다.

지난 30년간의 기업은행 생활을 되돌아봐도, 끈질김이 없었다면 어떤 일도 이루지 못했을 것이라는 생각을 하게 된다. 대개는 불가능에서부터 시작했고, 심지어 "또라이 아니야?"라는 시선도 받아가며 설득에 설득을 거듭해갔다. 어느 성과도 쉽게 이뤄낸 것이 없다. 나름의 명분을 가지고 중도에 포기하지 않고 끝까지 밀어붙였고, 문제를 해결할 수 있는 다양한 방법을 고민하고 실행해봤으며 어디든 직접 발로 찾아가 설득하는 일을 마다하지 않았다. 담당자가 쉽게 마음을 열지 않을 때는 집 앞에라도 찾아가 만나줄 때까지 기다리기도 했다. 그 끈질김 덕분에 중소기업에 꼭 필요한 상품을 만들 수 있었고, 실제로 중소기업에 도움이 됐다.

오너 스탠스를 가지고 확장형 사고방식으로 무장해 냉혹한 현실을 직시하며 고객에 대한 충분한 이해력을 가지고 있다 한들 중도에 포기하면 어떻게 성공할 것인가? '끈질김'이 없으면 아무것도 이룰 수 없다. 내가 항상 후배들에게 강조하는 덕목도 끈질김이다. 최고의 영업인이 되고 싶은가? 큰일을 성사시키고 싶은가? 누구도 끈질긴 사람을 이길 수 없다는 걸 명심하자.

영업에 가장 필요한 인성은 끈질김이다

상품 판매의 기술

• 1,000만 원짜리 정기예금을 판다고 생각해보자. 돈 가진 사람 입장에서는 정기예금 말고 펀드를 가입할 수도 있고, 투자 기회를 대비해 보통예금에 넣어둘 수 있으며, 주식을 직접 사서 투자 수익을 노리거나 보험 상품에 가입할 수도 있다. 만일 보험 상품을 선택한다고 해도 종류가 한두 개인가? 이밖에도 그 돈으로 가족과 해외여행을 갈 수도 있고, 가전제품을 살 수도 있으며, 시집간 딸에게 목돈을 주고 싶을 수도 있다. 대출금 일부를 상환하는 용도로 쓸 수도 있다. 고객의 입장에서는 수백 가지의 선택지를 갖고 고민하는 것이다. 그런데 어떻게 쉽게 결정할 수 있는가? 그래서 포기하지 말고 계속 권유하고 설득해야 하는 것이다.

기업고객본부장 때 지점장 한 사람이 나에게 SOS를 쳤다. 우량기업이 거래은행을 옮기겠다니 좀 도와달라는 것이었다. 사장이 광주일고 출신이니 도움이 될 수 있다고 생각했던 것이다. 사장과 약속을 잡고 회사로 찾아갔다. 후배이니까 내게 예의를 갖추고 잘 대해줬지만 이미 마음은 결정한 상태였다. 설득에도 불구하고 마음을 쉽사리 바꾸지 않을 것 같았다. 상대 은행에도 이미 약속을 했으니 입장을 모르는 바는 아니지만 서운한 건 어쩔 수 없었다. 일이 이 지경이 되도록 둔하게 앉아있었던 지점장도 미웠다. 어쩔 수 없지, 생각하고 돌아왔다.

그러나 결론부터 말한다면, 그 회사는 거래를 옮기지 않기로 했다. 이 사장의 마음을 움직인 건 무엇이었을까? 바로 기업고객부 정충현 부장의 끈질김 때문이었다. 정 부장은 사장의 집 앞에서 기다리고 있다가 퇴근하고 돌아오는 사장에게 "계속 거래해달라"고 사정했다. 거래가 끊기지 않게 된 것은 정 부장이 끈질기게 설득한 결과였다.

내가 아는 중소기업 CEO들은 거의 다 자수성가형이다. 자수성가형의 특징을 하나 꼽자면 '끈질김'이라 할 수 있다. 끈질기게 노력해서 성공한 사람은 자신과 같은 끈질긴 사람을 보면 그 사람의 성공을 예감한다. 사람들은 성공할 것 같은 사람과 친해지려 하고 도와주고 싶어 한다. 실패가 예견된 사람과는 가까이하고 싶지 않은 법이다. 이것은 거의 본능이다. 끈질기게 영업하다 보면 성공한 사람들의 호감을 얻고, 성공할 확률도 높아진다.

세일즈뿐이겠는가? 무슨 제안이든지 대개의 사람들은 한 번 제안해보고 상대가 거절하면 포기하고 만다.

성공한 사람은 포기하지 않는다. 포기하지 않았기 때문에 성공한 것이기도 하다.

내가 어떤 상품을 제안했을 때 "고맙습니다" 하고 사줄 고객은 거의 없다. 고객은 우리가 제안한 상품 말고도 엄청나게 많은 선택지를 가지고 있기 때문이다.

정말로 해야 할 일이라면 포기하지 마라. 포기하면 아무것도 이룰 수가 없다. 기가 막힌 아이디어로 상품을 만들었는데 빛조차 보지 못하고 사장된 상품이 한두 개인가? 끈질기지 않았기 때문이다. 그동안 내가 기업은행에서 만들어온 제도나 상품 모두 끈질긴 노력 덕분에 빛을 봤다. 어느 것 하나 일사천리로 진행된 일이 없었다.

명분이 있어야 거절을 극복할 수 있다

한계를 극복하기 위한 신념과 명분 찾기

고등학교 다닐 때의 단짝 친구가 있다. 목욕탕 집 아들이었다. 공부하는 시간을 제외하고는 주로 그 친구와 어울렸다. 심성이 착하고 여유 있는 집 아들이라 씀씀이가 나보다 커서 옆에 있던 나도 덩달아 소소한 덕을 보며 지냈던 기억이 난다.

내가 연금보험 사장으로 있을 때, 그 친구가 "지나가던 길"이라며 들른 적이 있다. 반가운 마음에 인사를 나누었는데, 용건은 따로 있었다. 산소 발생기를 파는 회사에 취업을 했는데 물건 파는 실적이 있어야 승진을 하게 되니 그걸 사달라는 것이었다. 친구의 사정이야 이해했지만, 가장 저렴한 제품이 100만 원이 넘는 금액이라 무턱대고 살 수는 없었다. 그래서 나는 "왜 이걸 사야 되는지 설명해달라"고 부탁했다. 산소가 부족하면 건강에 안 좋으니 산소 발생기로 부족한 산소를 보충해야 건강을 유지할 수 있다는 것이었다.

정말로 산소가 부족하다면 산소 발생기를 사야 할 것이다. 그래서 우리 사무실 산소 농도는 얼마인지, 또 얼마나 부족한지 설명해달라고 요청할 수밖에 없었다. 그 친구 입장에서는 친구 믿고 하나 팔려고 찾아왔는데, 꼬치꼬치 따지는 내가 짜증스러울 법했다. 그런데 정말 산소 발생기가 필요하다면 한 대가 아닌 여러 대를 구입해 사무실 전체에 설치할 수 있지 않을까? 유감스럽게도 그 친구는 그런 데이터나 측정 설비를 갖고 있지 않았다. 아마도 산소는 부족하지 않았을 것이다.

그렇게 친구를 돌려보낸 뒤 고민을 많이 했다. 오죽 절박했으면 나를 찾아왔을까? 그런데 나는 이것저것 따지다가 친구를 그냥 돌려보냈으니 마음이 편치 않았다. 결국 제일 싼 제품을 하나 구입해 뜯어보지도 않고 집에 뒀다가 천식이 심한 이에게 선물했다.

이 과정에서 느낀 점은 '명분이 있어야 끈질길 수 있겠구나' 하는 것이었다. "공기 중 산소 함유율이 얼마는 되어야 하는데, 네 사무실은 지금 재보니 얼마가 모자란다. 그러면 이런저런 질병을 유발할 수 있으니 산소 발생기를 사라. 너를 위해 제안한다"는 정도만 된다면 애초에 관심도 없던 친구도 설득할 수 있지 않을까? "너뿐만 아니라 직원들에게도 좋지 않으니 전체 사무실에 대형 산소발생기를 달게 해라"고 할 수 있지 않았을까? 만약 그랬다면 회사 차원에서 대량 구매를 할 수 있었을 것이다.

내 경력에 자식처럼 남아 있는 중요한 성과들은 하나도 빠짐없이 상대의 거절을 극복하고 이루어낸 것들이다. 모든 은행들이 문턱을 높이는 금융위기가 왔을 때 금융위원회를 설득해 증자를 감행했으며, 보험사 신설 허가를 받을 때는 금융위원회의 반대를 넘어섰고, 메디컬 네트워크론을 만들 때에는 건강보험 공단이 담당자가 여러 번 바뀌는 순간을 견뎌내며 성과를 얻어냈으며, MBC 사내복지기금을 끌어올 때는 담당책임자 집까지 찾아가서 설득하고 설득했다.

'안 되면 되게 하라!' 내 마음속에는 이런 열정이 있었다.

그러나 상대의 거절을 극복하고 성과를 얻어낸 데에는 이런 끈질김만 있었던 것은 아니다. 사실 일을 만들어내는 데 이 정도 노력은 기본이다. 정도의 차이만 있을 뿐이지, 이 세상에 노력이 부족한 사람은 많지 않다. 중요한 것은 한계를 극복해내는 힘이다. 나는 그 힘을 '신념'이라고 믿으며, 그 신념을 만들어내는 것은 '명분'이라고 생각한다.

누가 시켜서, 시킨 일을 하면서 성과를 만들기는 어렵다. 그보다는 명분이 있어야 한다. 나의 명분은 대체로 '공익'과 관련이 있다. 금융위기 때 금융의원회가 난색을 표하던 기업은행 증자를 이끌어낸 것은 자금 확보에 어려움을 겪고 있는 중소기업을 도와야 한다는 명분이 내 의지를 불태웠고, 국내 금융권을 통틀어 17년 만에 보험사 신설 허가를 받아낸 것은 중소기업 근로자들의 노후에 도움을 주어야 한다는 절박한 이유가 있었으며, 메디컬 네트워크론 역시 '중소의료기관들의 자금난 해소'라는 뚜렷한 명분이 있었다. 자금 때문에 기업하기 힘들거나 노후를 보장받지 못하는 근로자, 자금 때문에 고생하는 중소기업을 도와주는 일은 기업은행이 당연히 해야 하는 일이라고 생각했다. 이런 명분이 있었기 때문에 열과 성을 다해 노력했고 성곽처럼 단단했던 기관의 벽을 허물 수 있었다.

명분이라는 게 무엇이겠는가? 나와 내가 속한 조직의 이익을 앞세우는 게 아니라 사회적 약자 편에 서서 고민하고 의미를 만들어내는 일이다. 명분이 있으면 계획은 현실이 될 가능성이 높고, 이렇게 만들어지고 진행되는 사업은 실패할 확률보다는 성공할 확률이 높다. 왜냐하면 적어도 사회로부터 인정을 받을 수 있기 때문이다. 원래 '명분(名分)'이라는 단어는

'대의명분(大義名分)'에서 왔다. 모두가 인정할 수 있는 '대의(大義)'를 가지고 있는 명분의 힘은 강할 수밖에 없다.

무슨 일이든, 사업을 진행하려면 먼저 명분을 따져보아야 한다.

명분을 가슴 깊이 새기고 사업을 진행하다 보면, 일하는 재미에 빠져서 반드시 해내고 말겠다는 열망이 생기게 된다.

이 수준까지 이르고 나면 좋은 결과가 따라온다. 일은 이렇게 해야 하는 법이다.

진정으로 접근하면 얻을 수 있다

MBC의 복지기금 유치

• 본점에서 팀장으로 오래 일하다 MBC 영업점장으로 일하던 시절 이야기다. 당시 MBC에는 영업 대상이 많았다. 그중 눈에 들어온 것은 MBC 직원들의 복리후생을 위해 마련한 '근로복지기금'이었다. 1년에 50억 원 규모로, 1990년대라는 점을 감안하면 규모가 상당히 컸다. 이 금액을 수년째 외환은행에 예치해왔다. 이 사실을 알고 참 어이가 없었다. '사내에 입점해 있는 기업은행을 두고…!' 우리 입장에서는 참 자존심 상하는 일이었다. 외환거래 주거래은행을 우리 기업은행으로 바꾼 이후 꼭 우리 것으로 바꾸고 싶었던 또 하나의 영업대상물이었다.

예나 지금이나 은행들 간 금리 차는 거의 없는 편이다. '뭔지 모르지만 우리가 잘못했으니까 그렇게 된 것이다'는 생각을 하면서 복지기금을 찾아와야겠다고 다짐했다. 복지기금 예치와 관련된 의사결정자가 누구인가? 총무부 담당자, 재무국 담당자, 노조, 관련 임원들 아니겠는가? 경우에 따라 다르지만, 외곽을 때리고 분위기를 조성해야겠다는 생각을 했다. 평소 알고 지내던 임원들 방을 드나들면서 "복지기금을 우리가 못 받고 있다. 말이 안 되지 않느냐?"라고 이해와 동조를 구했다. 또 한편으로는 인맥을 조사해서 기업은행 본점의 부서장이나 임원들에게도 MBC 임원들의 협조를 얻어달라고 부탁했다. 우리나라에서 학맥은 굉장히 강한 영향력이 있다. 본점 임원이나 부서장들의 전화 한 통은 참으로 큰 힘이 됐다.

노조에도 "복지기금을 유치하고 싶다. 우리를 도와달라"고 요청했다. 외부에서는 MBC 노조를 '강성'이라고 거부감을 갖는 시선이 더러 있다. 적어도 내가 지켜본 MBC 노조는 거의 무균질이었다. 그동안 우리 영업점 직원들이 MBC 직원들과 격의 없이 지내왔기 때문인지 노조도 상당히 우호적이라는 감이 왔다.

문제는 총무국 담당 책임자였다. 어쨌든 수년간 거래해오던 은행을 일거에 바꾸는 건 쉬운 일이 아니다. 미운 정, 고운 정이란 게 있지 않은가? 총무국 사무실에 찾아가서 우리의 뜻을 전하고 도움을 부탁했다. 담당자의 반응은 "외환은행이 잘못한 것도 없는데 어떻게 하루아침에 거래은행을 바꾸냐"는 것이었다. 이해도 가고, 인정도 할 수 있는 반응이었다.

그렇다고 여기서 물러설 수 없었다. 수소문해서 총무부 담당 책임자의 집을 찾아갔다. 초인종을 누르고 그의 부인에게 사정을 이야기하니 "남편은 부재중이다"라는 답만 들려줬다. 집에 있으면서 없다고 했을지도 모른다. 부인에게 내 인적사항을 밝히고 "내일 아침까지라도 부근 식당에서 기다리겠으니 만나게 해달라"고 부탁했다.

혼자 식당에 앉아 한참을 기다리는데 드디어 책임자가 왔다. 짜증스러움과 의아함이 섞인 얼굴로 찾아온 그를 나는 다시 한 번 설득했다. 요지는 "나, MBC 와서 열심히 뛰었다. 도와달라. 기업은행은 사내에 입점해 있는 은행 아니냐?"는 것이었다.

책임자는 내 말을 한참 듣고 나더니 "월급쟁이가 이렇게 까지 할 필요가 뭐 있냐? 당신 참 대단하다"고 했다. 나는 속으로 '되겠다' 싶었다. 여기서 더 이상 말하면 역효과일 수도 있으니 이쯤에서 물러났다. 이날 기분이 좋아 마신 술이 얼마였는지 모른다. 다음 날 아침 숙취의 고통을 느끼면서 출근했지만, 기분은 날아갈 듯했다.

12월 31일, 한 해의 마지막 날이었다. 총무국에서 올라오라는 연락을 받았다. "금년 출연기금"이라며 100억 원의 수표 한 장을 건네주었다. 수표 한 장이 그렇게 무거운지 처음 알았다. 그해에는 평년의 2배나 되는 기금을 출연한 것이었다. 포기하지 않고 끈질기게 노력한 성과는 100억 원을 훨씬 넘었다.

노력의 축적이 성과를 만든다

하루아침에 대박을 노리지 마라

• 가왕 조용필은 60세가 넘은 나이에도 노래를 참 잘한다. 타고났다고들 이야기한다. 타고난 게 전혀 없진 않겠지만 '그렇게 노래를 부르려면 얼마나 노력했을까?' '얼마나 연습을 많이 했으면 저 나이에도 저렇게 힘차게 노래할까?' 하는 생각이 든다. 마이클 조던을 두고 '농구 황제'라고 한다. 조던과 함께한 선수들은 경기보다 조던과의 연습이 더 어려워서 경기 때는 긴장하는 선수가 없다고 했다. 타이거 우즈도 '골프 천재'라고 하지만, 연습이 만들어낸 선수일 뿐이다.

조용필이 노래를 부르거나, 조던이 농구하거나, 우즈가 골프를 치는 과정 중에는 순간순간 방해하는 장애물이 나타나곤 한다. 우리가 일할 때도 마찬가지다. 이 세상 어떤 일도 순탄하게 되는 일은 없다는 것을 강조하고 싶다.

앞장에서 언급했다시피, 나는 목포지점에 지점장으로 부임한 뒤 목포시의 반기업은행 정서를 바꾸기 위해 참 많은 노력을 했다. 특별히 우리가 잘못한 건 없는데 “지방 시금고는 지역은행이 맡아야 한다”는 광주은행의 간단한 주장이 그런 정서를 만들어냈던 것이 아닌가 싶었다. 잘잘못을 떠나 지역 정서가 좋지 못하면 영업하기 쉽지 않을 뿐만 아니라, 오랫동안 지켜온 시금고 은행을 뺏길 수도 있었다. 머리칼이 곤두설 정도로 두려웠으나 하나하나 풀어나가기로 했다.

우선 지방주재 기자들을 모두 초청해서 간담회를 열고, ‘그동안 기업은행이 어떤 일을 해왔으며 앞으로도 목포시를 위해서 이렇게 하겠다’는 발언을 했다. 일종의 구애작전이었다. 그동안 지방신문 기자를 초청해 간담회를 열었던 적은 없었던 걸로 알고 있었다. 기자들의 반응은 호의적이었다.

그다음 차례는 시의회 의원들이었다. “어떻게 하면 우리의 진심을 그대로 전할 수 있을까?”를 고민하다가 복더위에 “의원들 댁을 찾아가자”고 결정했다. 2명의 차장이 지역별로 나눠 시장에서 제일 큰 수박을 들고 찾아가게 했다. 중요한 건 수박의 크기가 아니었다. 화이트칼라의 대명사인 은행 차장이 삼복더위에 한 손으로 들기도 어려운 수박을 들고 집까지 찾아온 정성이다. 그 모습을 본 시의회 의원들의 마음이 짠하지 않았을까? 게다가 힘들게 찾아가서 아무 말 없이 수박만 전하고 왔으니, 그 이유가 궁금했을 법하다.

또한 지역구 의원이 목포로 내려오면 직접 찾아가서 기업은행의 역할이나 지원 실적을 브리핑했다. 기업인들을 초청해서 워크숍을 개최했고, 방송국의 협조를 얻어 중계했다. 은행의 본점이라면 이 정도의 노력은 보통이겠지만, 일개 지점이 이런 일을 한다는 것은 상당히 어려운 일이었다. 이런 노력 덕분에 시장의 마음이 열리고, 시금고 계약 기간도 1년에서 2년으로 연장됐다. 세상에 공짜는 없다. 정확하게 우리가 축적한 노력만큼 성과가 나온다고 믿는다. '누가 끝까지 포기하지 않고 노력을 쌓아가느냐'가 우리 인생이나 조직의 성패를 좌우한다.

은행원 같지 않은 은행원이 필요하다

은행의 미래를 위한 제언

• 세상은 늘 바뀐다. 가만히 그대로 있으면 좋으련만, 이렇게 바뀌는 세상 속에서 살아남으려면 어떻게 바뀌는지를 감지하는 능력과 적응하는 능력을 갖춰야 한다. 치명적인 잘못만 없으면 정년이 보장되고, 먹고사는 데 부족하지 않은 연봉이 나오는 곳이 은행이다. 오래 근무하다 보면 세상 바뀌는 것을 모르기 쉽다. 그러다 보니 적응하려는 노력을 게을리 하기 일쑤다. 그러다 망한 은행들을 많이 봐왔다.

앞에서도 이야기했지만 고객들이 은행에 바라는 것은 돈 말고도 너무 많은 것들이 있다. 판매처 소개, 신사업분야의 시장정보 제공, 조달업체 소개, 경영세미나 개최, 재무 상담, 사업승계 상담, 입지장소 등 부동산 정보제공, 법률 및 세무 상담,

인사제도, 사업계획 및 전략 수립 조언, 기업 M&A 정보제공, 대학 등 연구자 소개, 변호사나 회계사 같은 전문가 소개 등이 모두 그런 것들이다.

돈만 대주면 만사 오케이라던 고객들의 니즈가 이렇게 바뀐 것이다. 그래서 은행원들도 이제 바뀌어야 하는 것이다. 고객들의 니즈를 들여다 보면 쉽게 할 수 있는 일들이 거의 없다. 시늉을 낼 수는 있겠지만 실제로 고객들이 만족할 만한 수준의 유효한 서비스를 제공하려면 철저하게 프로페셔널해야 한다.

찾아오는 고객으로부터 예금을 받고, 찾아오는 고객에게 대출 상품을 파는 수동적인 은행원은 이런 일을 감당해낼 수 없다. 입행했을 때부터 귀에 못이 박히게 듣던 행동강령이 친절, 신속, 정확이었다. 창구에서 거의 대부분의 일을 사람 손으로 처리하던 시절에는 당연히 그렇게 해야 맞았다.

이제는 ATM이나 인터넷으로 거의 모든 은행 일을 처리하다 보니 신속, 정확은 기계나 시스템이 다 해결하고, 그저 웃으며 "어서 오십시오"라고 말하는 게 친절도 아니다. 우리 고객이 원하는 게 무엇인가? 그걸 해결하기 위해 무엇을 해야 하는지 고민하고 방안을 모색해 고객이 만족할 때까지 해결해내는 끈질김이 훨씬 유효성 높은 서비스인 것이다.

내가 주도했고, 기업은행 역사에 길이 남을 업적으로 평가받고 있는 상품들은 그냥 만들어진 것이 아니다. 모두 시대의 요구를 파악하고 깊은 성찰을 거친 후, 세상 속에서 끈질기게 뛰어다닌 결과물이다. 일개 은행원이지만 늘 시대의 요구를 고민하고 회사의 이득을 생각하면서 비즈니스로 만들었다.

"은행원 같지 않습니다."

내가 35년 동안 은행에 근무하면서 가장 자주 들었던 표현이다. 세상에서 말하는 '은행원 같은 사람'이 어떤 이야기인줄 알고 있고, 마찬가지로 '은행원 같지 않다'는 것도 무엇을 의미하는 줄 알고 있어서 그 이야기가 그저 기분 좋은 것만은 아니다.

시대의 요구에 반 발자국 정도 앞서 나아가야 하는 은행은, 그래서 더욱 보수적인 인재보다는 변화와 혁신을 이끌 수 있는 인재가 필요한 곳이다. 이노베이션 DNA를 가진 사람이 은행에 들어와 문화를 바꾸고, 끊임없이 변화와 혁신을 주도해 고객의 호응을 얻어야 한다. 그래서 은행에 더 '은행원 같지 않은 사람'이 필요한 것이다. 그런 사람들이 많아졌을 때 세상도 은행과 은행원을 새로운 시선으로 바라볼 것이다.

연은 바람이 불 때 날려야 높이 올라간다

승진과 고액연봉을 얻는 법

• 내가 주변 사람들로부터 가장 많이 들었던 소리는 '모난 돌이 정 맞는다' '독선적이다' 등 대체로 사나운 내용이었다. 그러나 나는 그런 말들이 꼭 '악의적인 표현'으로만 들리지는 않는다. 목표를 향해 저돌적으로 달려가다 보면 누구나 들을 수 있는 이야기다.

실제로 이런 이야기를 하는 사람들은 모두 내가 '진짜' 일을 하고 있다는 사실을 알고 있다. 그게 두려운 것이다. 왜냐하면 안정된 직장에 다니는 사람들은 대부분 일을 벌이기보다는 조용히 묻어가길 바라기 때문이다. 하지만 나는 그럴 바에야 차라리 회사를 그만두겠다는 생각을 가지고 있었다.

삶의 모든 순간이 그렇겠지만, 조직생활을 하다 보면 선택을 해야 할 때가 있다. 참으로 많은 생각이 머리에 떠오른다. 내가 하는 선택이 조직원 모두를 만족시킬 수는 없다. 누군가에게는 피해가 갈 것이라는 것도 예상된다. 그래도 필요하면 하는 것이다. 오랜 고민 끝에 선택을 했는데, 결과가 나쁠 때가 있다. 최선을 다했다면 그것 역시 어쩔 수 없다. 이 세상에 완벽한 판단은 없으니까. 중요한 것은 자신의 선택에 책임을 지는 자세다. 이 마음만 있다면 언제든 다시 기회를 잡을 수 있다. 또 책임지겠다는 마음만 있다면 실제 실패하는 일도 드물다.

나는 2004년 네트워크론의 성공을 발판으로 2005년에 기업고객본부장(이사대우)으로 승진했고, 2006년 경영전략본부장(이사)으로 1년 만에 다시 승진했다. 고참 임원들이 많은데 후배가 요직을 맡았으니 영광스러운 일이었다.

기업은행의 내부 조직은 이렇다. 영업 파트에서는 기업고객본부장이 꽃이고, 업무지원에서는 경영전략본부장이 꽃이다. 어느 본부라고 중요하지 않은 조직이 없겠지만 가장 많은 자산을 갖고 있는 본부가 기업고객본부이고, 은행을 전체적으로 조망하면서 큰 그림을 그리는 경영전략본부는 그만큼 많은 경험을 쌓을 수 있고 능력을 키울 수 있다는 점에서 자랑스러운 이력이라 할 수 있다.

경영전략본부장이 될 때도 내 위로 선배 부행장들이 많이 있었다. 경영전략본부장 시절에도 나는 신사업 추진을 멈추지 않았다. IBK챌린지 제도와 카페형 점포를 추진한 게 대표적인 사례였다. 모두 성공적이었다. 연은 바람이 불 때 날려야 높이 올라간다. 일에 탄력을 받았을 때, 죽을힘을 다해 될 때까지 일을 추진했고, 대부분 성공했다.

가능성 있는 것에 집중해 승부를 내라

중소기업 직원들의 노후를 책임지다

• 중소기업 노동자의 평균연봉은 3,323만 원이다. 정규직 평균 연봉이니까 비정규직까지 합치면 훨씬 낮아질 것이다. 생활비만으로도 빠듯한 금액이다. 노후 대비는 생각하지도 못한다. 그런 형편에 회사가 망하면 졸지에 퇴직하게 되고, 월급이 끊어지면 바로 신(新)빈곤층으로 내몰리게 된다. 형편은 어렵지만 그래서 더 퇴직연금을 들어둬야 하는 분들이 중소기업 직원들인 셈이다. 이들에게 혜택을 주고, IBK연금보험은 성과를 올리고 싶었다.

그렇지만 중소기업 노동자들에게 연금보험을 가입시키는 일이 현실적으로 쉽지 않다. 개인연금 최저한도가 월 10~15만 원이기 때문이다. 월급의 5% 이상을 지출해야 한다. 현실적인

안이 필요했다. 우리는 개인연금 최저한도를 월 3~5만원까지 낮췄다. 회사 안에서도 반대가 많았다. 소액으로 팔면 손해라는 게 그 이유였다. 그러나 하나만 알고 둘은 모르는 소치다. 한 번에 수십 건을 계약할 수 있으니 오히려 수익성이 있는 상품인 것이다.

저렴하다 보니 설득의 요소는 많았다. 3~5만 원은 하루에 담배 한 갑씩을 절약하면 가능한 금액이다. 이렇게 장벽을 낮춰놓았더니 중소기업 직원들이 대거 가입했다. 100명을 대상으로 상품 설명회를 개최하면 40명 정도가 가입할 정도였다. 형편이 좋아지면 나중에 얼마든지 증액할 수 있게 했다. 그러면 다른 연금보험과 마찬가지로 노후에 얼마든지 목돈을 만질 수 있다.

직원뿐 아니라 회사 오너들도 손자, 외손자들을 위해서 가입하는 경우도 생겼다. 중소기업 근로자 전용 상품을 팔다 보니 오너나 사장의 성격을 알 수 있었다. 정말로 종업원들을 생각해서 진지하게 보험에 가입하라고 권유하면서 직원들의 노후를 걱정하는 따뜻한 사장도 많았다.

우리나라 중소기업 직원들이 100% 가입하도록 국가적으로 유도해야 한다고 생각해 은행에 제안했는데, 이런저런 이유로 성사되지 못했다. 지금이라도 정부가 여러 가지 법규를 개정할 필요가 있다고 생각한다.

은퇴한 동료들에게 "은퇴 후 10만 원은 재직 시 100만 원만큼 큰돈이더라"는 이야기를 들었다. 연금보험에 가입하지 않았다면 지금이라도 직원용 연금을 들어두길 강력하게 권하고 싶다.

금속노련 회원사 퇴직연금을 잡아라!

은행에 있을 때 꽤 적극적으로 영업을 해봤지만 보험사 퇴직연금 영업은 정말로 쉽지 않았다. 입장을 바꿔 생각하면, 기업체 CEO가 거래은행에 퇴직연금을 들고 싶지 보험사에 퇴직연금을 들고 싶겠는가? 이런 이유 때문에 몇 개 보험사에서는 퇴직연금을 아예 팔지 않는다. 노력에 비해 성과가 신통치 않다고 판단한 이유일 것이다. IBK연금보험 회사 입장에서도 다른 업무는 잘되는 데 반해 퇴직연금은 정말로 어려웠다. 그러던 차에 '금속노련(전국금속노동조합연합)'이 퇴직연금 사업자를 선정한다는 첩보를 입수했다.

담당 임원과 사업자 선정 담당자를 만났다. 그에게 우리 회사가 퇴직연금 전문 사업자인 점, 자산운영에 강점을 가진 회사인 점, 대주주인 기업은행이 국책은행인 점을 설명하고 사업자로 선정될 수 있도록 간곡히 요청을 했다. 은행에서 2개, 보험회사에서 2개 사업자를 선정하는 경쟁이었으니 쉽지 않은 경쟁이었다.

진심은 통한다고 했던가. 신설보험사가 금속노련의 퇴직연금 사업자로 선정되었다. "우리 같은 신생 회사가 되겠어?" 하고 물러섰으면 불가능한 일이었다.

100% 다 우리가 유치할 수는 없지만 그 업체들의 퇴직연금 규모만 한 해 수백억 원 규모다. 큰 규모가 아니라고 할 수도 있지만, 나름대로 규모를 가져가고 있는 셈이다. 또 우리에게는 '퇴직연금은 적립금 기준 70% 이상을 중소기업과 거래 해야 한다'는 기준이 있다. 대기업과 공공기관 영업은 거의 할 수가 없으니, 이들이 우리에겐 중요한 영업 대상이었다.

신설보험사가 여기저기 전선을 넓히면 힘만 많이 들고 성과를 내기가 어렵다. 직원이라고 해봐야 100명 정도이니, 지원부서 인력을 제외하면 실제 영업하는 직원은 많지 않다. 가능성 있는 거래처 몇 개를 집중적으로 파고들어서 승부를 내야 했다. 그렇게 찾은 게 금속노련이었고, 그 선택은 중요했다.

금속노련에 속해 있던 자동차 부품회사를 유치하기로 결정했다. 외환은행이 주 거래처이니까 외환은행에 주로 예치를 하겠지만, 우리 회사도 금속노련이 선정한 4대 퇴직연금기관임을 설명하고 우리가 접촉할 수 있는 모든 채널을 가동해서 유치 작전을 폈다. 여러 군데의 도움을 받아 그 기업의 퇴직연금을 유치하고 난 뒤 얼마나 기뻤는지 모른다.

은행도 아닌 보험사가, 그것도 신설 1년 남짓한 보험사가 금속노련의 퇴직연금 사업자로 선정되고, 소속회사의 퇴직연금을 실제로 유치했으니 얼마나 기뻤겠는가? 모든 것이 될 때까지 물고 늘어진 끈질김의 결과였다.

업적이 있다면 누구 앞이든 당당하다

씨티은행과 방카슈랑스 제휴를 맺다

• 신생보험사이면서 은행계보험사인 IBK연금보험의 고민은 업계 전 보험사에 비해 폭넓은 방카슈랑스(은행과 보험회사가 협력해 종합금융서비스를 제공하는 것) 채널을 확보할 수 없다는 데 있었다. 그래서 세계적 금융기관인 '씨티은행'을 공략해 지렛대로 활용하고 싶었다. 씨티은행이 창구에서 IBK연금보험 상품을 팔아준다면 보험 자회사를 두지 않은 여타의 은행들도 그만큼 우리 보험사 상품을 팔아주지 않겠는가?

보험 관련 자회사를 두지 않는 은행은 씨티, SC제일은행, 대구, 전북은행 정도였다. 그런 은행들을 한꺼번에 접촉해서 제휴할 수도 있겠지만 효율적이지 않다는 판단하에 우선 씨티은행을 공략하기로 했다.

다행히 한국 씨티은행에서는 우리와 업무제휴에 긍정적이었다. 그러나 최종 결정권은 씨티은행 싱가포르에 있었다. 씨티은행 싱가포르에서는 우리 회사와 업무제휴에 대해 상당히 열띤 토론을 했다. 신설 후 1년도 안 된 보험사 상품을 씨티은행에서 팔다가 문제가 생기면 씨티은행의 평판이 훼손될 수 있으니 당연히 찬반양론이 있을 수밖에 없었을 것이다. 최종 결론은 IBK연금보험을 실사하고 그 결과에 따라서 최종 결정을 하기로 의견이 모아졌다.

씨티은행 싱가포르 임원이 우리 회사로 실사를 나왔다. 우리는 영어로 프레젠테이션 자료를 만들어 준비했다. 씨티은행 싱가포르 실사단은 CEO였던 나에게 '5분간의 면담'을 요청했다. CEO면담은 씨티은행 싱가포르의 담당 임원과 했다.

본격적인 면담에 앞서 사무실 아래로 내려다보이는 남대문 재건현장을 보여주면서 "당신은 한국의 국보 1호인 남대문 재건현장을 눈 아래로 내려다보는 행운을 가진 사나이"라고 이야기했다. 그 당시 몇 달 있으면 공사가 끝날 예정이었으니까 행운이라면 행운인 것이다.

그러고 나서 IBK에서 수십 년 동안 해온 업적들을 자신 있게 이야기했다. 대리 시절에 주도적으로 공모주 청약정기예금을 팔았던 이야기, 시드 컴퍼니 제도를 만들어서 성공했던 이야기, 네트워크론으로 많은 상을 휩쓸었던 사실 등을 이야기하면서 앞으로 IBK연금보험을 어떻게 경영할 것인가를 비전에서부터 시작해 행동규범까지 신이 나서 이야기했다.

반응이 좋았다. 당연히 이야기는 5분으로 끝나지 않았고, 40여 분간 이어졌다. 지금도 그렇지만 그때도 내가 하는 일을 가지고 누구한테 꿀리는 마음이 전혀 없었다. 외국 은행 임원들의 경우에 금융만 아는 전문가들이 많다. 나는 기업 경영을 놓고 나름대로 고민을 많이 했고, 관련 서적도 읽을 만큼 읽었다. 꿀릴 게 뭐가 있겠는가? 한국 씨티은행 직원들이 떠나면서 "분위기가 좋다"고 우리 직원들에게 귀띔해주었다. 실사단은 싱가포르로 돌아갔고, 일주일 후에 '오케이' 사인을 보내왔다.

얼마 후, 싱가포르에서 영국 출신 담당 임원이 방문했다. 한국 씨티은행에 우리 상품을 론칭하고 짧은 시간에 실적이 올라갔기 때문이다. 서로 얼마나 기분이 좋았겠는가? 비즈니스 파트너가 아니고 친한 친구를 만나는 기분이 들었다. 더 마음을 써서 잘해주고 싶었다. 그가 영국 군인 출신인 점을 감안해, 영국령인 오스트레일리아 와인과 G20 정상회담에 쓰인 샴페인을 준비했다. 외국인을 접대할 때 와인이 중요하다는 이야기는 들어서 알고 있었지만 식전에 와인의 스토리를 설명하자 정말 좋아했다.

서로 정겨운 이야기가 오갔고, 만찬은 좋은 분위기에서 끝났다. 다음에 한국을 방문하면 등산을 하자고 제안했더니 비무장지대를 보고 싶다고 했다. 군인 출신이기 때문에 선배들이 싸운 현장을 보고 싶다는 말이었다. 당연히 그러자고 했다. 애주가였던 그 영국인 임원은 처음부터 끝까지 좋은 기분을 안고 싱가포르로 돌아갔다. 그 후 모든 일은 술술 풀렸다. 우리 보험 상품이 시티은행에서 파는 모든 보험 상품 중에서 가장 많이 팔렸다.

기라성 같은 보험사들을 제치고 1년도 안 된 신설보험사 상품이 가장 많이 팔린다는 사실을 믿을 수 있는 독자들이 얼마나 있을까? 기존의 보험사들은 더더욱 믿으려 하지 않았다. 그러다 보니 대형보험사들에서 "IBK연금보험 상품이 보험이냐?"고 문제제기를 해서 곤욕을 치른 적도 있다. 호사다마일 뿐이다. 감히 이노베이션의 결과라고 말하고 싶다.

성공하는 회사를 만드는 리더의 요건

진정한 리더가 되는 방법

• IBK연금보험을 만들면서 나는 짐 콜린스가 말한 '5단계 리더'가 되고 싶었다. 내가 못 되더라도 회사가 잘되게 만드는 리더가 되고 싶었다. 이 세상에는 내 조직이 망가지더라도 나만 잘되면 그만이라는 리더가 많고 그런 리더들의 폐해가 적지 않다고 생각했기 때문이다.

IBK연금보험 대표이사로 재직하는 동안 임인사 관련 청탁을 모두 거절했다. 신생기업은 그야말로 어떤 빈틈도 만들어서는 안 된다. '비슷비슷한 인재라면 누구를 써도 괜찮지 않을까?'라는 식으로 경영하면 성공할 수 없다. 그래서 그 어떤 인사 청탁도 받지 않았다. 나는 지금 이 순간까지도 정정당당히 실력으로 일하는 사람들이 주가 돼야 신생기업이 살아난다고 믿고 있다. 내가 일으킨 회사이지만 그 안에 나를 두고 싶지 않았다. 그래서 기업은행을 나오면서 다음과 같이 이임사를 남겼다.

"후배들이여, 주인으로 일해서 위대한 회사 만들어달라. 내가 월급 받는 만큼만 일했으면 이런 성과를 못 거뒀을 것이다. 구태의연한 이야기이지만 어차피 한 번 왔다 가는 인생, 족적을 남겨야 하지 않겠나?"

기업에서 월급쟁이로 일하든, 사업을 하든, 결국 목적은 하나다. 돈을 버는 것? 이건 목적이 될 수 없다. 그 분야에 업적을 남겨야 한다. 이런 마음으로 하나하나 일을 만들어간다면 사회에서 말하는 성공도 먼 일만은 아닐 것이다. 자신이 일하는 분야에 업적을 남겨라.

짐 콜린스가 말하는 5단계 리더십

짐 콜린스는 자신의 저서 『좋은 기업을 넘어 위대한 기업으로』를 통해 5단계의 리더십 중 '개인적 겸양'에 대해 설명했다. "비길 데 없는 겸손함을 보이며 대중 앞에 나서서 떠벌리기를 꺼린다. 제 자랑을 늘어놓는 법이 없다" "조용하고 차분하게 결정해서 행동한다. 사람들을 고무하는 카리스마보다는 주로 한층 높은 기준에 입각해 동기를 부여한다" 등의 내용이 담겼다. 그중 내가 공감하며 지표로 삼은 요건은 "자기 자신이 아니라 회사를 위한 야망을 품는다. 차세대의 후계자들이 훨씬 더 큰 성공을 거둘 수 있는 기틀을 갖추어준다"라는 대목이다. 나보다는 회사를 먼저 생각해왔고, 그것이 진정한 리더라 믿는다.

워킹코드의 비밀을 발견한 당신에게

"노력한 것보다 더 큰 성과를 얻었고, 성과보다 더 큰 대우를 받았습니다."

IBK기업은행을 떠날 때 했던 이임사 첫 문장이자, IBK연금보험을 떠나면서 남긴 이임사의 첫 문장이기도 하다.

'네트워크론Network Loan' '시드 컴퍼니Seed company' 등 시대를 대표하는 금융 상품을 만들어냈고, 보험사 신설 1년 반 만에 누적당기순익을 기록했던 과거를 되돌아보며 자연스레 나온 이임사다.

내가 가진 능력과 상관없이 '성과'만큼은 누구에게도 뒤지고 싶지 않았다. 그 단순한 마음이 나를 일로 이끌었고, 성과를 만들어냈다. 흔하지 않은 성과를 내다 보니 과분한 대우도 받았다. 그래서 늘 즐거웠다. 내가 기대하지 않았던 성과, 기대 이상의 대우를 받은 요인은 무엇이었을까? 그 원인이 궁금했다. 이 책은 그걸 찾아낸 기록이다.

남의 아이디어를 짜깁기한 게 아니다. 스스로 아이디어를 내고 실제로 일을 추진하면서 몸으로 터득한 이론이다. 임원이 되고 싶은 샐러리맨들에게 작은 도움이라도 되기를 기대하면서 솔직하게 썼다. 각 장별 사례들은 100% 나 자신의 아이디어를 사업화시킨 것만 기록했다. 다른 사람의 아이디어에서 비롯된 프로젝트는 그분들의 기록으로 남겨지길 바란다.

아이디어 하나만 달랑 던져주면 며칠 밤을 새워 제도를 만들고, 시스템을 정비하고, 인허가를 받기 위해 밤을 새운 그 시절 동지들이 있다. 길영수 대리(현 기업은행 지점장), 윤완식 차장(현 기업은행 지점장), 김광현 차장(현 기업은행 지점장), 정관영 과장(현 기업은행 지점장), 조헌수 팀장(현 기업은행 부행장), 안순홍 팀장(현 기관고객부 부장), 김연식 전무(현 보험대리점 대표), 남운택 전무(현 IBK연금보험 사외이사) 등이 먼저 떠오른다. 이외에도 일일이 거명할 수 없을 만큼 많은 동지들이 있다. 성과에 집착하다 보니 팀원들에 대한 이해나 배려가 부족했던 것 같다. 많이 미안하고, 그래서 더 고맙다.

다섯 개의 일머리를 설명하기 위해 간증 형식을 취하다 보니 자랑처럼 들릴 수 있어 죄송하다는 말씀을 드린다. 끝으로 많은 권한을 허락해 마치 사장처럼 일할 수 있게 해주신 여러 선배님들께 고개 숙여 감사드린다.

네트워크론에 대한 평가

✦ ✦ ✦

"(…) 지난 반세기 동안, 중소기업과 연관된 정책을 수립하고 집행할 때 많은 역할을 수행했다. 그중에서도 네트워크론만큼 정부 관계자, 대기업, 협력기업, 일반 공공기관 등을 하나로 묶어낸 것은 없었다. 2004년에 출시된 네트워크론은 대기업과 납품 중소기업 간 상생협력 조성에 큰 역할을 했다. 이 상품이 출시되면서 삼성, LG, 현대차, SK 등 대기업 그룹들은 경쟁적으로 이를 활용하여 협력기업에 대한 지원을 강화했다."

-『IBK 신화창조의 비결 50』 중에서

"IBK연금보험에는 설계사도, 영업점도 없다. 대신 직원들이 중소기업을 직접 찾아가 거품을 뺀 저가의 연금보험 상품을 판다. 신생 보험사임에도 2011년 회계연도에 당기순이익 47억 원을 내며 출범 1년 6개월 만에 흑자(黑字) 기업이 됐다. 국내 보험사들이 출범 후 흑자를 내기까지 평균 11년 정도 걸리는 점을 감안하면 남다른 성과다."

- 〈조선비즈〉 2012년 5월 11일자

KI신서 6377

워킹코드
노력보다 더 큰 성과를 만드는 일머리의 비밀

1판 1쇄 발행 2016년 2월 5일
1판 3쇄 발행 2019년 4월 15일

지은이 이경렬
펴낸이 김영곤 박선영 **펴낸곳** ㈜북이십일 21세기북스
디자인 이하나
마케팅본부장 이은정
마케팅1팀 나은경 박화인 한경화 **마케팅2팀** 배상현 신혜진 김윤희
마케팅3팀 한충희 김수현 최명열 **마케팅4팀** 왕인정 김보희 정유진
홍보기획팀 이혜연 최수아 박혜림 문소라 전효은 염진아 김선아 양다솔
제작팀 이영민 권경민

출판등록 2000년 5월 6일 제406-2003-061호
주소 (우10881) 경기도 파주시 회동길 201(문발동)
대표전화 031-955-2100 **팩스** 031-955-2151 **이메일** book21@book21.co.kr

ISBN 978-89-509-5324-8 03320
책값은 뒤표지에 있습니다.